大学精品资源共享课程系列

社区健康管理技术

SHEQU JIANKANG GUANLI JISHU

胡月琴 邓斌菊 著

北京师范大学出版集团
BEIJING NORMAL UNIVERSITY PUBLISHING GROUP
安徽大学出版社

图书在版编目(CIP)数据

社区健康管理技术/胡月琴,邓斌菊著. —合肥:安徽大学出版社,2016.6
(大学精品资源共享课程系列)
ISBN 978-7-5664-1126-6

Ⅰ. ①社… Ⅱ. ①胡… ②邓… Ⅲ. ①社区医学—卫生保健 Ⅳ. ①R197.1

中国版本图书馆 CIP 数据核字(2016)第 117794 号

社区健康管理技术

胡月琴 邓斌菊 著

出版发行	北京师范大学出版集团 安 徽 大 学 出 版 社 (安徽省合肥市肥西路3号 邮编230039) www.bnupg.com.cn www.ahupress.com.cn
印　刷	安徽省人民印刷有限公司
经　销	全国新华书店
开　本	170mm×240mm
印　张	12.5
字　数	205千字
版　次	2016年6月第1版
印　次	2016年6月第1次印刷
定　价	35.00元

ISBN 978-7-5664-1126-6

策划编辑:卢　坡　　　　　　　　装帧设计:李　军
责任编辑:苗　锐　戴欢欢　卢　坡　美术编辑:李　军
责任校对:程中业　　　　　　　　责任印制:陈　如

版权所有　　侵权必究

反盗版、侵权举报电话:0551—65106311
外埠邮购电话:0551—65107716
本书如有印装质量问题,请与印制管理部联系调换。
印制管理部电话:0551—65106311

前 言

健康管理是对健康人群、亚健康人群、疾病人群的健康危险因素进行全面监测、分析、评估、预测、预防和维护的全过程。健康管理融医疗护理、预防保健、康复、教育管理为一体。对服务人群实施健康管理是变被动的疾病治疗为主动的管理健康，可达到节约医疗费用支出、维护健康的目的。目前，公众对健康管理知识掌握较少，从事健康管理的专业人才紧缺。为切实提升社区卫生服务人员的健康管理技能，普及健康管理知识，皖北卫生职业学院组织人员进行了相关研究，撰写《社区健康管理技术》，本书即在健康管理这一新的卫生服务理念下应运而生。

《中国慢性病防治工作规划（2012－2015年）》（卫疾控发〔2012〕34号）强调要在城乡全体居民中开展健康管理服务。提高国民健康素质是我国政府确立的重要社会发展目标之一，健康管理是实现这一重要目标的最有效途径。广大城乡社区居民急需健康管理服务，而专业的社区健康管理人才相对紧缺，社区健康管理工作大多由社区医生或护理人员兼职开展，这就要求这些实施健康管理服务的社区卫生服务人员，必须具备健康管理服务的基础知识，掌握健康管理的相关技能。本书的出炉正是为了迎合这一市场需求，对提高社区卫生服务人员的健康管理技能具有重要作用。

全书共七章：第一章，健康管理基础知识；第二章，就医用药常识；第三章，饮食、运动、环境、心理及社会因素与健康；第四章，亚健康人群的健康管理；第五章，常见疾病状态人群的健康管理；第六章,健康传播;第七章,健康保险;另附健康管理流程等。第一章、第二章和第五章由胡月琴撰写,第三章、第四章、第六章和第七章由邓斌菊撰写。全书采用问题导入式框架,引人入胜,简单明了;各章均附有温馨提示,活泼有趣,激发阅读热情。本书将知识性、趣味性、针对性和应用性融为一体,适合社区居民、社区卫生服务人员、健康管理从业者及卫生专业师生阅读。

由于水平有限、时间仓促,书中难免存在疏漏或错误,恳请广大读者提出宝贵意见。我们在此抛砖引玉,以期更多智者参与到健康管理工作中来,写出更多更好的健康管理著作,为我国健康管理事业的发展做出努力。

本书为安徽省教育厅质量工程研究项目"社区健康管理特色专业开发建设"(项目编号:2014tszy087)的研究成果之一,由皖北卫生职业学院学术著作出版基金资助出版。

著 者

2016 年 3 月

目 录

第一章　健康管理基础知识 …………………………… 1
　一、健康管理概述 ………………………………………… 1
　二、实施健康管理 ………………………………………… 3

第二章　就医用药常识 …………………………………… 12
　一、就医常识 ……………………………………………… 12
　二、健康体检常识 ………………………………………… 13
　三、安全用药常识 ………………………………………… 19
　四、家庭药箱装备 ………………………………………… 24

第三章　饮食、运动、环境、心理及社会因素与健康 …… 27
　一、饮食与健康 …………………………………………… 27
　二、运动与健康 …………………………………………… 39
　三、环境与健康 …………………………………………… 53
　四、社会因素与健康 ……………………………………… 67
　五、心理行为因素与健康 ………………………………… 71

第四章　亚健康人群的健康管理 ………………………… 78
　一、亚健康概述 …………………………………………… 78
　二、心理亚健康及其调适 ………………………………… 85
　三、亚健康的中医认识 …………………………………… 94

第五章 常见疾病状态人群的健康管理 …… 97
- 一、肥胖 …… 97
- 二、疲劳 …… 100
- 三、便秘 …… 104
- 四、偏头痛 …… 106
- 五、神经衰弱与失眠 …… 108
- 六、健忘 …… 110
- 七、妇女更年期综合征 …… 113
- 八、高脂血症 …… 114
- 九、临界高血压 …… 117
- 十、糖耐量异常 …… 119
- 十一、隐性贫血 …… 120
- 十二、高科技病 …… 122
- 十三、慢支的预防保健 …… 124
- 十四、冠心病的预防保健 …… 126
- 十五、脑血管病的预防和日常保健 …… 128
- 十六、糖尿病的预防和日常保健 …… 130
- 十七、颈椎病的预防保健 …… 134
- 十八、骨质疏松症的预防保健 …… 137
- 十九、脂肪肝的预防及日常保健 …… 139
- 二十、痛风的预防保健 …… 141
- 二十一、前列腺炎的预防保健 …… 142
- 二十二、癌症的预防保健 …… 144

第六章 健康传播 …… 148
- 一、传播概述 …… 148
- 二、人际传播 …… 149
- 三、大众传播 …… 153
- 四、影响健康传播效果的因素与对策 …… 156

第七章　健康保险 ·············· 161
　一、健康保险概述 ·············· 161
　二、健康保险的种类 ············ 163
　三、健康保险与健康管理的关系 ···· 166

附　录 ······················ 168
　一、健康管理流程 ·············· 168
　二、个人健康信息采集 ·········· 169
　三、个人健康信息采集分类提问 ···· 185
　四、健康评价与指导 ············ 188
　五、制定健康促进方案 ·········· 188

参考文献 ···················· 189

第一章

健康管理基础知识

一、健康管理概述

健康管理最早出现于美国,早在1929年美国洛杉矶水利局就成立了健康维护组织;1973年通过了《健康维护组织法》;到1997年,全美每10个人中就有7个人享有健康管理服务。健康管理在中国刚刚起步,是一个朝阳产业。

如何定义健康管理?

健康管理对健康人群、亚健康人群、疾病人群的健康危险因素进行全面的监测、分析、评估、预测、预防和维护,是通过专业的健康管理师将被动的疾病治疗过程转变为主动的健康管理过程,其实质是将预防医学与临床医学进行有机的结合,实施三级预防,达到维护人群健康的目的。

什么是健康管理的新理念?

多年来我国的医疗卫生制度决定了国民享有的医疗保健服务水平是低层次的,呈现出供不应求及服务质量差的局面。在加入

WHO以后，中国医疗界从管理水平、运行机制、软硬件设施、服务质量等方面均满足不了现代健康服务的需求。专家预计，不远的将来，医疗服务将从疾病治疗向预防保健过渡。从预防医学的角度看，有70%的疾病能通过预防来避免和降低风险，这为健康管理事业的发展提供了良好的契机。WHO明确公告：健康长寿，遗传因素占15%，社会因素占10%，医疗条件占8%，气候条件占7%，生活方式占60%。目前，冠心病、高血压病、高脂血症、糖尿病等"文化病""富贵病"发病率连年上升，这充分说明我们自己没有管理好自己，没有将生命掌握在自己手中。健康管理的新理念就是要变人类健康被动管理为主动管理，并帮助人们科学地恢复健康、维护健康、促进健康。21世纪初，WHO针对人类健康问题提出了响亮的口号："健康新地平线，从理想到实践。"就是要将卫生工作的重心从疾病治疗转向维护健康和促进健康。

健康管理的意义何在？

1. 通过健康管理，有效降低患病风险
提高健康体检质量是降低患病风险的重要手段之一。
2. 通过健康管理，有效降低医疗支出
减少大病患病率是降低医疗支出的主要途径。
3. 通过健康管理，有效减少危险行为
培养管理对象的健康生活方式是健康管理的最大目标之一。

健康管理程序

健康管理程序：收集健康信息→健康危险因素评价→健康管理计划

● 收集健康信息的目的是通过收集个人或群体健康情况及生活方式相关信息，发现健康问题，为评价和干预提供基础数据。

● 健康危险因素评价是对个人或群体健康现状及发展趋势做出预测，为干预管理和干预效果的评价提供依据。

● 健康管理计划是以提高健康生活品质、减少疾病发生为目标,以健康档案管理为实施基础,以健康体检与健康评估为监测手段,以健康讲座和健康通信资料为促进措施的服务计划。

在人们多元化的健康需求下,绝大多数亚健康人群需要得到相应的健康服务。而目前,我国的卫生服务状况:医院的服务重点是病人,社区卫生服务的重点也是病人。应如何解决这一矛盾?

我们期望于政府支持,加快步伐成立更多的专业的健康管理机构;加大从业人员的专业培训与考核,进行分级从业。

>>> 温馨提示

20世纪80年代由我国"全科医学第一人"——顾瑗教授将健康管理的理念正式引入我国。

二、实施健康管理

健康管理的实质性问题是如何进行健康管理。专家预计,在今后的5年至10年内,全球范围内的医疗业将发生颠覆性变革,将从疾病治疗向预防保健过渡,给健康管理的发展提供契机。健康管理有望成为继互联网之后又一个新兴的高速成长的行业。因此,掌握健康管理专业技能必须从现在开始。

如何进行个人健康管理?

1. 个人健康管理的种类

个人健康管理包括生活方式管理、需求管理、疾病管理、灾难性病伤管理、残疾管理及综合人群健康管理。

2. 建立个人健康档案

步骤：建立个人健康信息管理系统→个人健康信息采集→制定健康档案

● 个人健康信息管理系统是使用软件和互联网来收集和管理个人健康信息。其包括建立安全的网络化信息管理系统，设计标准的信息管理模式，形成互动的服务对象端管理，建立个人电子病历及健康管理账户。

● 采集个人健康信息的途径有日常生活调查、健康体检、因病检查等方式。个人健康信息包括：个人的年龄、性别、身高、体重等基本情况，身体各系统的功能状况，实验室检查的重要指标，家族病史、膳食习惯、生活方式等。附录"个人健康信息采集"部分，可供信息采集时参考。

● 制定健康档案是一个动态的、连续且全面的过程。其具体内容主要包括：健康现状、既往病史、诊断治疗情况、家族病史、历次体检结果及个体生理、心理、社会、文化、压力适应、生活行为等。应注意了解家族健康状况，发现遗传因素的影响；了解服务对象的生长、生活经历，评估个体体质状况；了解健康大敌（不良生活方式与习惯），评估生活方式的变化及对应的危险因素；特别针对公安、消防、军队、司法、医疗、丧葬等职业人及其家人，应了解其负性情绪对健康的不利影响；了解客观生存环境，评估环境因素对健康的不利影响。

3. 个人健康与慢性病危险性评价

依据个人健康信息，通过疾病危险性评价模型分析计算，得出疾病危险性评价报告，预测个人或群体在一定时间内发生某种疾病或健康危险的可能性。

4. 个人健康改善计划及指导

健康管理计划应重点干预在健康档案中锁定与健康高度相关的危险因素，即健康管理干预方案。

● 运动干预 选择病人喜好的运动项目进行科学指导，保证科学运动，避免运动损伤。运动方式选择快走或慢跑。应每日连续运动30～60分钟，每周运动2～3次，运动前后分别进行5分钟的准备活动和整理活动,运动过程中心率应控制在107～117次/分钟。运动前后应监测血压,尤其运动后收缩压若大于200mmHg,应与运动专家或医生联系。

● 营养干预　应按时吃早餐,午餐和晚餐吃到八成饱即可。食物构成应注意逐渐减少油脂摄入量至25g/日;逐渐增加蔬菜摄入量至500g/日;逐渐增加水果摄入量至200～300g/日;减少食盐摄入量至6g/日;将动物食品摄入量减少1/3;减少每日饮酒量:低浓度白酒1两以内,或啤酒1罐以内,或干红葡萄酒1杯以内。

● 行为干预　应按时、按量吃早餐;就寝时间不迟于晚上12点;计算机前工作每1～1.5小时应休息10分钟;体育锻炼安排在晚上;增加日常生活中的体力活动量。

● 心理干预　心理干预是指服务对象当前的心理状况并适当引导。如高血压病人易紧张、情绪不稳,焦虑情绪又会导致血压进一步升高,培养对自然和社会的良好适应力,遇事沉着、冷静,可避免或减轻焦虑情绪。

● 医学保健干预　医学保健干预是对服务对象现患疾病进行药物治疗外的生活方式和健康营养保健方案的指导。

如何进行企业健康管理?

企业健康管理是从社会、生理、心理角度系统地关注和维护企业员工健康。

1. 为企业规划最佳体检方案

提供高质量体检。

2. 为企业建立健康档案数据库

持续分析、及时发现员工健康问题并采取及时而有效的措施。

3. 为企业提供健康维护、疾病预防方案和措施

提供健康咨询,降低发病率。

4. 为企业提供职业病防护方案和流行病预防方案

5. 减少企业员工病假工时

如何进行社区健康管理？

社区健康管理是为社区内的居民提供个性化的健康管理、疾病管理及健康风险预测服务。

1. 社区健康管理的主要内容

包括健康状况调查、全面健康评估、群体和个体健康干预、效果评价4方面。

● 健康状况调查　一般采用问卷形式。了解每个服务对象的行为生活方式、社会环境因素、心理压力状况、医疗保健获得情况。结合健康体检了解健康风险水平和主要健康问题，建立健康档案。

● 全面健康评估　主要利用分析软件或标准化的健康风险评估系统，全面评价疾病危险因素、体质状况、心理状态、亚健康水平等，获得综合健康得分、健康年龄及可达到的年龄评估、心理压力得分及疾病危险性分析。但对家庭保健医生和专家顾问做出的定性评估及指导意见也不可忽视。

● 群体和个体健康干预　群体和个体健康干预措施主要有生活方式干预、膳食营养指导、心理健康干预等。服务内容主要有专业的健康咨询服务、个人保健医生服务、特色健康咨询服务、常备药物指南服务及全新就医服务等。

● 效果评价　应定期评价。了解服务对象健康危险因素的控制情况，健康生活状态的维持情况及健康需求的满足情况，并为未来的保健计划提供参考。

2. 社区健康管理机构

社区健康管理机构可由专业化的健康管理公司来运作，由保险公司参与和监督，由完善的医疗卫生服务体系作依托。该机构是服务对象、医疗机构和保险公司的中间人和协调人，应以医学、公共卫生学、运动营养学、医学统计学、护理学及其他相关领域的知识为理论主体，并汇集市场开发和营销方面的人力资源，同时搭建一个互动式的网络平台，以整合和调用医疗保险信息和医疗保健服务，准确把握服务对象的医疗信息需求和健康影响因素。

如何进行中学生健康管理?

中学时期是一个人特殊的发育阶段,对中学生应以心理健康管理和生理健康管理为核心。

1. 中学生心理健康标准

● 认知能力发展正常,智力水平在正常值以上　这是中学生就学阶段重要的心理条件,是心理健康的重要标准。主要标准为有强烈的求知欲,乐于学习;对新问题、新事物感兴趣和有探索精神,表现出能动性;智力各因素在活动中能有机结合,积极协调,正常地发挥作用。

● 情绪稳定、乐观,心情愉快　中学生情绪健康的主要内容有积极情绪多于消极情绪,使自身保持乐观、积极、向上的心态;情绪反应适度,有适当的引发因素,反应强度与引发情景相符合;能有效调节和控制情绪的质、量、度,使其能在适当时间、场合恰如其分地表达,既能克制约束,又能适度宣泄,不过分压抑。

● 意志健全　有较强的行动自觉性、果断性、顽强性和自制力。

● 自我概念正确,具有统一健全的个性　评价标准为对自己的认识比较接近现实,不产生自我同一性混乱;能愉快地接受自己,对自己的生活、学习、现状和未来有一定程度的满足感和发展感;以积极进取的人生观作为个性的核心,把自己的需要、愿望、目的和行为统一起来。

● 和谐的人际关系　和谐的人际关系主要表现为乐于与人交往,既有稳定广泛的一般朋友,又有无话不说的知心朋友;在与人交往中不卑不亢,保持自己的个性;宽以待人、乐于助人,客观评价自己和别人,取人之长、补己之短;积极的交往态度多于消极态度;有必要的心理准备,在复杂的人际交往中保护和发展自己。

● 较强的适应能力　这里的适应包括社会适应、学习适应、生活适应等。标准有能和集体保持良好的接触和同步关系,自己的需求和愿望与社会要求、集体利益发生矛盾时,能迅速自我调节,谋求与社会的协调一致,对社会现状有较清晰的认识,明确自己所处的位置;学会解决生活中遇到的各种问题,掌握排解心理困扰、减轻心理压力的方法;学会学习,掌握学习的方法与策略,能够优化和调节自己的学习过程,能够调控自己的学习心理状态,开发潜能,达到良好的学习适应状态。

2. 中学生常见的心理健康问题、影响因素与对策

● 中学生常见的心理健康问题　自卑、抑郁、闭锁、焦虑、恐惧、易怒、逆反、嫉妒、猜疑、厌学等心理。

● 影响因素　概括为本体因素、家庭因素、学校因素、社会因素。

◎ 本体因素　中学生身体发育快于心理发育,出现身体成熟感与心理期望值的不平衡,而产生挫折感。

◎ 家庭因素　主要有家庭成员变动、家庭关系紧张、家庭教育方式不当及家庭变迁等。

◎ 学校因素　主要有学校教育条件、学习条件、生活条件及师生关系、同伴关系等。

◎ 社会因素　主要有政治、经济、文化教育、社会关系等。

● 对策　在培养中学生心理健康过程中,"学校是促进学生心理健康最适宜的场所,学校可以教给学生一些解决问题的技巧,并通过特殊问题的干预和心理咨询,转变学生的行为"(世界卫生组织心理卫生处)。因此,可采取以下对策:

◎ 创造良好的心理环境

◎ 开设心理健康教育课

◎ 开展心理咨询服务

◎ 开展家庭心理健康教育指导

3. 中学生应试心理健康指导

● 考前常见心理现象与对策

◎ 备考焦虑　因对考试成绩过于关注所致。应以一颗平常心正确对待考试。

◎ 前途迷茫　因对自己的职业兴趣与实力不了解所致。应做心理测试并找老师咨询。

◎ 精神恍惚　因学习与休息时间安排不合理，休息时间过少所致。应科学安排作息时间，调整好生物钟。

◎ "高原反应"　"高原反应"是在学习中使出浑身解数，但学习效率及成绩仍然不理想。一般认为，为重复学习、弱点不明、欠缺踏实所致。这应进行情绪调整和能力训练。

◎ 暂时失忆　暂时失忆是对一些很容易的题目，答案几乎可以脱口而出，但就是想不起来。应在平时扎实学习，形成知识网络体系。遇此情况要保持冷静、放松，可以想一想与之相关的学习内容，从而找到解决问题的有效办法。

◎ 心理饱和　因大量学习，活动单一所致。应不断变化学习内容与学习方式，并注意劳逸结合。

● 考前心理调节

◎ 考前一周　生活要有规律；提高效率，适当放慢复习节奏；避免再大量做题，做一些做过的试卷以"熟手"、找感觉，不能沉迷于做难题；保证充足的睡眠；避免外来干扰。

◎ 考前三日　不能把复习计划延伸到最后三日；可以比平时多睡1～2小时；进行非系统复习，查缺补漏，猜题训练；适当运动，保持良好胃口。

◎ 考前一日　熟悉考场，适应环境；罗列考试用品清单；注意考前的饮食起居；避免过度体力活动；不能上网和看暴力影片；适时学习，一般学习时间为每日4～6小时。

● 考中常见心理问题对策

◎ 记忆空白　保持镇静；联想；回忆当时记忆的环境与情景；利用其他考题；转移视线；随便写点什么；用感觉器官来恢复记忆；按时间顺序回忆；从后往前推想；反复审题。

◎ 怯场　闭目休息、深呼吸、上厕所，进行兴奋点转移；两眼注视简单目标,意念集中两眉之间,进行自我放松;想象松弛、愉快、舒适的情景,进行想象暗示;服仁丹、酸味饮料,涂清凉油,进行药物控制;伸懒腰、活动手腕、活动颈部、按揉眼睛、按压指关节,解除疲劳;采用否定之否定。

● 考中心理调节

◎ 正向语言的应用　如"我已准备充分,一定可以好好表现一番";"我知道我能应付这个考试";"只管现在考试,不必过问其他事务";"考试不是一件可怕的事,尽力而为就可以了";"这次考试没问题,我有信心"。

◎ 快速适应考场氛围　主动问好;向监考老师打招呼;找到座位、深呼吸、按摩穴位;查看课桌的平稳与间距;回避干扰,不要讨论。

◎ 拿到考卷5分钟　写姓名、准考证号、考试号;整体快速浏览、认读试卷;重点再看,提升信心;写作题提前构思。

◎ 解题顺序　先易后难;先熟后生;采用分段得分策略做大题;力求一次成功;排除望而生畏心理。

◎ 两科间过渡　学会迅速遗忘;做好思想转移;注意休息和饮食;适当运动和放松。

一个家庭三代人,爷爷和奶奶退休在家,爸爸和妈妈工作繁忙,一个孩子即将中考。怎样为他们进行健康管理?

按照收集健康信息→评价健康危险因素→制定健康管理计划的程序,分别采集健康信息,建立个人健康档案,包括日常生活调查、健康体检、因病检查等方式;再根据个人健康信息进行健康与慢性病危险性评价,尤其要对爷爷、奶奶进行慢性病危险性评价,对爸爸、妈妈要进行亚健康危险性评价,对孩子要进行考前心理、生理状态评价及考中心理、生理状态预测;最后制定各自的健康改善计划及指导,包括运动干预、营养干预、心理干预、行为干预等。

> **温馨提示**
>
> 个人健康管理的目的在于调动个人及集体的积极性,有效利用有限资源获得最好的健康效果。企业健康管理的重要性在于给员工提供个性化的医疗保健咨询和服务,解决员工看病就医难的问题,从而提高劳动生产率,节约人力资源损失,减少企业医疗保健相关支出。社区健康管理旨在通过健康信息采集、健康状态评估、潜在疾病预警、健康危机管理等手段促使居民改变传统观念,全面提升自我健康管理与保护能力。中学生应加强膳食指导,克服营养不足与营养过剩的"双峰现象"。同时,考前应采取有氧运动及深呼吸等方式进行运动减压。

第二章

就医用药常识

一、就医常识

挂号是就医的第一步。一般人看病走进医院,如果挂错了号,不仅费时费钱,还可能看不好病。因此,正确挂号就成了合理就医的第一问题。

怎样选择挂号类型?

1. 普通门诊

一般疾病的首诊或常见病可看普通门诊。如普通内科、普通外科、小儿科、中医科等。

2. 专家门诊

专家门诊由副主任医生及副主任医生以上人员应诊。患了疑难疾病、长时间未确诊的疾病、久治不愈的疾病,均可看专家门诊。首先在挂号大厅观看专家简介→选择相应专家门诊号→记住同一位专家的门诊时间便于复诊。

3. 专病门诊

专病门诊由专门研究诊治某种疾病的主治医生及主治医生以上人员应诊。包括心血管科的高血压门诊、冠心病门诊、心律失常门诊等;内分泌科的甲亢门诊、糖尿病门诊等;消化科的胃病门诊、肝胆胰门诊等及风湿病门诊等。如胃痛看胃病门诊,系统性红斑狼疮看风湿病门诊。

4. 急诊

急性起病可看急诊,先挂急诊号,然后由护士分诊。急诊室一般都是昼夜应诊。

5. 传染病门诊

一般综合性医院都设有肝炎门诊和肠道门诊。肝炎病人看肝炎门诊;每年5月1日～10月31日肠道门诊开诊,在此期间凡遇进食不当,出现腹泻、呕吐等症状,可直接看肠道门诊。

一位病人不知自己患什么病,也不知该挂什么号,应该怎么办?

建议:①先看普通门诊,再看专家门诊或专病门诊;②直接咨询导诊台。

>>> 温馨提示

挂号时一定要买门诊病历本,复诊时别忘带病历。

二、健康体检常识

健康体检已被越来越多的人接受,因为人们越来越关注健康。定期健康体检可以提前发现疾病征兆、预防或延缓疾病发生,健康体检已成为越来越多人的健康选择。

健康体检的内容及意义?

1. 临床物理检查

临床物理检查见表2-1。

表 2-1 临床物理检查

项　目	检查内容	检查意义
一般健康检查	身高、体重指数、测血压、心肺听诊、腹部触诊、甲状腺、乳腺、淋巴结、脊柱、四肢关节、耳、鼻、喉等	检查相关脏器的基本情况,寻找疾病有关线索,初步排除常见病
视功能	裸眼视力、矫正视力、色觉	有无屈光不正、色觉异常
小瞳孔眼底	眼底基本情况	筛查各种眼底疾病
眼底数码摄影	眼底检查	早期眼底疾病筛查
间接喉镜	喉部情况	筛查喉部肿瘤、声带运动情况
鼻咽镜	鼻咽部情况	主要用于筛查鼻咽部肿瘤
电测听	纯音测听	了解有无听力损害
妇科	外阴、阴道、宫颈、子宫、盆腔、宫颈防癌细胞检测	通过内诊、宫颈刮片等检查方法,排除阴道炎、宫颈炎及妇科肿瘤等
肛诊	直肠指检	主要筛查直肠、肛管肿瘤

2. 临床医技检查

临床医技检查见表 2-2。

表 2-2 临床医技检查

项　目	检查内容	检查意义
腹部 B 超	肝、胆、胰、脾、双肾	了解脏器大小、结构,有无结石、炎症、肿物等
妇科 B 超（腔内）	子宫、附件	有无肿瘤、囊肿等,腔内 B 超检查无须憋尿
颈动脉 B 超	颈部大血管情况	有无颈动脉硬化、斑块形成、管腔狭窄、痉挛等
甲状腺 B 超	甲状腺	诊断肿物、结节、肿大、炎症
乳腺 B 超	双侧乳腺	诊断增生、肿物、结节、囊肿、肿瘤等
前列腺 B 超	前列腺	诊断增大、肿瘤、囊肿、结石
经颅多普勒	脑动脉环九支血管	了解血管有无硬化、狭窄、缺血、畸形、痉挛等异常

续表

项 目	检查内容	检查意义
心电图	心肌电生理	诊断心律失常、提示诊断冠心病及其他心脏病
骨密度检测	机体骨矿物质含量	诊断骨质减少、骨质疏松,预测骨折危险性
胸片/胸透	心、肺、纵膈	了解胸部脏器、组织情况,有无炎症、结核、肿瘤等
颈椎片	颈椎X线正位/侧位/双斜位片	了解颈椎骨质增生,排除颈椎病
腰椎片	腰椎X线正位/侧位片	了解腰椎骨质增生、脊柱侧弯、锥间隙狭窄等异常
红外线乳透	乳腺情况	辅助诊断乳腺包块性质、筛查乳腺癌
体质测试	体成分测定、心肺功能、肺活量等	了解身体体质情况
彩色超声波	颈部及四肢血管、腹部器官和浅部器官(甲状腺、乳腺、睾丸等)	对黑白B超发现的占位性病变、血管病变进行血流分析,提高诊断准确率

3. 实验室检查

实验室检查见表2-3。

表2-3 实验室检查

项 目	检查内容	检查意义
血常规	全血细胞分析22项指标	有无感染、贫血、凝血功能障碍等血液病
尿常规	尿10项、尿沉渣镜检	有无尿道感染、尿蛋白、尿糖
血糖	空腹血糖(GLU)	诊断有无糖尿病
血脂	甘油三酯(TG)总胆固醇(TC)	评价血脂代谢紊乱、动脉粥样硬化性疾病危险性预测和营养学评价
脂蛋白	高密度脂蛋白(HDL)、低密度脂蛋白(LDL)	
载脂蛋白	载脂蛋白	

续表

项目	检查内容	检查意义
肝功能	谷丙/谷草转氨酶（ALT/AST）、总/清蛋白（TP/Alb）、总/直接胆红素（TBIL/DBIL）、碱性磷酸酶（ALP）、谷氨酰转氨酶（TG酶）	了解肝脏功能状况,有无肝损害、胆道梗阻等
心肌酶	乳酸脱氢酶(LDH)、肌酸激酶(CK)	主要诊断组织损伤,筛查恶性肿瘤
肾功能	血尿素氮（BUN）、肌酐（Cre）、尿酸(UA)	主要评价肾功能、蛋白代谢及营养状况,诊断有无痛风
甲状腺功能检查	游离三碘甲状腺原氨酸（FT3）、游离甲状腺素（FT4）、促甲状腺素(TSH)	评价甲状腺功能,诊断甲状腺疾病及监测治疗
女性激素	雌二醇（E2）、促卵泡激素（FSH）、促黄体生成素(LH)	了解女性体内雌激素分泌情况
乙肝五项（乙肝两对半）	乙肝表面抗原(HBsAg)、乙肝表面抗体(HBsAb)、乙肝e抗原(HBeAg)、乙肝e抗体(HBeAb)、乙肝核心抗体(HBcAb)	有无乙肝病毒感染,评价目前状况
肿瘤标记物	甲胎蛋白(AFP)	主要用于肝癌早期筛查
	癌胚抗原(CEA)	主要用于消化道肿瘤早期筛查
	前列腺特异性抗原(PSA)	主要用于前列腺癌筛查
	CA-125	主要用于卵巢癌早期筛查
	CA19-9	主要用于胰腺癌、胆管癌等筛查
	CA-153	主要用于乳腺癌筛查
粪便隐血试验	粪便隐血(金标法)	了解有无消化道出血,筛查大肠癌等
血型	血型	A、B、O、AB血型鉴定
幽门螺杆菌抗体	幽门螺杆菌抗体(HpAb)	诊断胃十二指肠疾病幽门螺杆菌感染及治疗效果的评价

续表

项　目	检查内容	检查意义
血液流变学	全血/血浆黏度等12项指标	提示血液黏滞性情况
新柏氏液基细胞学（TCT）	超薄细胞检测	男：泌尿系肿瘤筛查，女：宫颈癌筛查
细胞形态及干血镜下图形检测	血液中多种细胞成分形态学分析	亚健康状态全面评价，面对面健康指导
艾滋病抗体检测	艾滋病抗体	是否感染艾滋病病毒
微量元素测定	铁、铜、锌、钙、镁	是否缺乏身体所需重要元素
离子四项	钾、钠、氯、钙离子浓度	有无电解质紊乱

健康体检因人而异吗？

1. 年轻人

年轻人定期检查项目（基础健康检查项目）包括临床物理检查、五官科常规检查、常规B超、心电图、胸透、肝肾功能、乙肝表面抗原、血糖、血脂、血/尿常规、粪便隐血试验、艾滋病抗体检测。

2. 老年人

老年人各种疾病的发生率明显高于其他人，因而应注重全面体检。定期检查项目主要包括基础健康检查、血脂（脂蛋白及载脂蛋白）、血液流变学、肿瘤标志物、微量元素、体重指数。

3. 中年男性

中年男性定期检查项目包括基础健康检查、睾酮、铁代谢指标、血糖、血清钾钠氯及钙离子浓度、甲状腺功能。尤其是白领和事业有成者，许多人有腹部肥胖，应重点检查有无脂肪肝、高血脂及糖尿病。

4. 成年女性

成年女性定期检查项目包括基础健康检查、雌二醇、铁代谢指标、血糖、血清钾钠氯及钙离子浓度、甲状腺功能、白带常规、妇科 B 超、宫颈刮片。若更年期应特别注意定期检查：总血钙、肿瘤标志物、骨密度测定、血压、脉搏、体重指数、乳腺远红外线检查。

5. 骨质疏松人群

骨质疏松者定期检查项目包括骨密度测定、骨质疏松症生化指标、雌二醇(女性)、血压、脉搏及体重。

6. 心脑血管病

凡有心脑血管病及危险因素者，定期检查项目包括血压、脉搏、体重、血脂、脂蛋白、载脂蛋白、肾功能、眼底检查、心电图、血液流变学检查。

7. 糖尿病高危人群

糖尿病高危人群定期检查项目包括糖耐量试验、糖化血红蛋白、胰岛素释放试验、C 肽释放试验、血压、体重指数。

健康体检有需要注意的问题吗？

1. 采血时间不能太晚

受检者一般在早晨 7:30～8:30 空腹采血，最迟不宜超过 9:00，不要误时。

2. 体检前不能贸然停药

如高血压病人贸然停药会引起血压骤升，发生危险。因此，不能因体检干扰常规治疗。

3. 不要随意舍去检查项目

目的是保证检查的系统性和全面性。

4. 勿忽略重要病史陈述

重要病史陈述是判定受检者健康状况的重要参考依据，并据此制定干预措施，对疾病转归极其重要。

5. 选择医院要慎重

一定要选择专业的体检中心，非专业的体检中心弊端多。

6. 要重视体检结论

体检结论是对受检者健康状况的概括和总结,是医生根据各科检查结果,经过分析综合对受检者开具的健康处方,如果仅重视体检过程,而忽略体检结论,将使健康体检失去意义。

有人说:"体检项目多,只要保证血液检查、B超等大项检查,其他科室就不必去了。""去专业的体检中心人太多,随便找个医院或体检中心检查就可以了。""检查后给出一堆检查报告、一堆数字也不知道代表什么意义。"应怎样加以引导?

漏检影响检查的系统性和全面性,可能影响诊断结果,错过最佳治疗时机;非专业体检机构人员素质不高、体检设备有限;受检者应根据自己的检查结果咨询体检医生,重视体检结论。

>>> 温馨提示

①检查前3日内,请正常饮食,勿饮酒及剧烈运动。②体检前禁食8~12小时,完成抽血、腹部B超、口腔检查后方可进食。③糖尿病用药因禁食暂停,应携药备用。④怀孕或准备怀孕女性应事先告之,勿做放射性检查及妇科内诊检查。⑤女性月经期间勿做尿、便检查及妇科内诊,待经后再补检。⑥测眼压及眼底检查,不可戴隐形眼镜。⑦受检者衣着要宽松,勿携带贵重物品及饰品。⑧检查前24小时内,不要做阴道冲洗和阴道用药。⑨未婚女性需做妇科内诊时,应请本人在妇科检查单上签字。⑩检查前列腺及妇科B超者,膀胱应保留充足的尿液。

三、安全用药常识

药物有双重性作用,既有治疗作用又有毒副作用。市面上的药物有处方药和非处方药。身体若无病痛,则不需用药,绝不能认为药物具"有病治病,无病强身"的功效,否则损肝又伤肾。

滥用抗生素的危害

1. 过敏反应

以青霉素过敏最多见。

2. 毒性反应

氨基糖苷类抗生素可致听力损害,氯霉素抑制骨髓造血,利血平等影响肝肾功能。

3. 二重感染

长期应用广谱抗生素者易发生二重感染,特别是婴幼儿、年老体弱者。

4. 细菌耐药性

目前临床上很多的细菌性感染病人死亡,多是由于耐药菌感染,临床常用抗菌药治疗无效。

中西药合用有什么学问?

联合用药可以取长补短、提高疗效、缩短疗程、降低毒副作用。但不合理的联合、配伍则使疗效降低、毒副作用增强,甚至引起药源性疾病。如:

1. 降低疗效的药物搭配

● 保和丸、六味地黄丸与碳酸氢钠、氢氧化铝片、氨茶碱等药合用,会影响酸碱平衡而失效。

● 麦芽、神曲、谷芽与抗菌药合用,会使酶的活性降低丧失疗效。

2. 引起中毒或身体伤害的药物搭配

● 乌梅、山楂、五味子等含有机酸,与磺胺药合用易引起少尿、尿闭或血尿。

● 贝母与氨茶碱合用会引起中毒。

● 小活络丹、香连丸、川贝枇杷露与阿托品、咖啡因合用会增加生物碱毒性而中毒。

● 蛇胆川贝液与吗啡、杜冷丁、可待因合用,会导致呼吸衰竭。

● 朱砂安神丸与硫酸亚铁片合用,易生成溴化汞、硫化汞,引起汞中毒。

● 益心丸、保心丸、六神丸与心律平、奎尼丁合用,可致心脏骤停。

● 参苓白术丸与痢特灵合用,可引起恶心、呕吐、血压升高。

● 人参酒、舒筋活络酒与鲁米那、水合氯醛等镇静止痉药合用,可加强中枢神经系统的抑制作用,易发生危险。

● 苦杏仁、白果、桃仁、枇杷叶及含其成分的汤剂与麻醉药、止咳药合用,会引起严重的呼吸中枢抑制。

3. 影响高血压病情的药物搭配

● 含麻黄碱成分的中药与降压西药同服,会引起心律不齐、头痛,严重时引起高血压危象、脑出血等。

● 含麻黄碱成分的中药与强心剂合用,可致心率加快、增强强心剂毒性。

● 白扁豆制剂与优降宁合用,可引起高血压危象。

家庭安全用药需要注意什么?

1. 读懂药物说明书,应重点关注

● 药品名称 通常包括通用名、商品名,有些还有曾用名。通用名是列入国家药品标准的中文名称,同一化学成分的药品通用名都是同样的,而商品名可能有多个。用药时要认准通用名称,避免因重复给药而引起毒性作用。

● 批准文号 我国药品批准文号的格式为:国药准字+1位字母+8位数字。应特别注意读懂1位字母就可以大致了解药品的性质。如化学药品——"H";中药——"Z";通过国家食品药品监督管理局整顿的保健药品——"B";生物制品——"S";体外化学诊断试剂——"T";药用辅料——"F";进口分包装药品——"J"。

● 主要成分 药物的主要成分是说明该药物的原材料构成,以及原材料的化学名称和化学式等。

● 适应证 平时用药一定要根据说明书的适应证范围有针对性地选择,尤其是非处方(OTC)药物的使用。中成药说明书中常用"功能与主治"表示适应证。

● 用法与用量 说明书上的药品量通常指成人剂量,小儿剂量则要根据其年龄和体重计算。一般重量用克(g)、毫克(mg)等表示,容量用毫升(ml)表示。药物用量常注明每日几次,每次多少剂量。至于药品的用法,一般分为口服、肌内注射、静脉注射、外用等,时间分为饭前服、饭后服、睡前服等。

● 不良反应 许多药物在使用过程中会出现副作用,除药物本身的特性外,还与用药者的身体素质、健康状况有关。不良反应在说明书中都会说明,应注意阅读不良反应,加强用药的自我监测,一旦出现不良反应要及时采取措施。

● 禁忌及慎用 "禁忌"是绝对不宜用,否则有可能危及生命。"慎用"是可以用,但要慎重考虑其使用。当权衡利弊,利大于弊的情况下可以使用。在药物使用过程中要密切观察不良反应,最好在医师指导下使用,以便及时处理用药过程中出现的不良反应。

● 生产日期及有效期 "生产日期"是药物完成生产工艺的日期,用数字表示。如20150705的前四位代表生产年份,中间两位代表月,后两位代表日,即该药为2015年7月5日生产。每个药物都标有效期,一般是12个月、24个月等,但要看具体药物。

● 注意事项 在药物说明书注意事项中有时会特别标注,如幼儿、老人以及孕妇等人群不易使用等,应严格遵守。

2. 适当忌口

● 中药忌口 服清热凉血药如金银花、连翘、山栀、生地、丹皮、石膏等,服用滋阴药如石斛、沙参、麦冬、知母、玄参等,应忌食热性食物如辣椒等。

● 西药忌口

◎ 服异烟肼,忌食鱼类,防药物蓄积中毒出现头痛、头晕、结膜充血、皮肤潮红、心悸、面部麻木等。此外,不能饮酒。

◎ 服磺胺类药物及碳酸氢钠,忌食茶、醋、酸性水果、肉类、禽类、蛋类、白糖,防止磺胺结晶形成及碳酸氢钠药效降低。

◎ 服红霉素、灭滴灵、甲氰咪胍,忌食牛奶、豆类、骨头汤、黑木耳、海带、紫菜、黄花菜等富含钙镁离子的食物,以免延缓或减少药物吸收。

◎ 服安体舒通、氨苯蝶啶和补钾时,忌食香蕉、香菜、香椿芽、红糖、菠菜、紫菜、海带、花生、番茄、橘子、葡萄干、鱼类等,防止出现高血钾。

◎ 服降糖灵、镇静药、催眠药、安神药和痢特灵,忌饮酒,防止出现低血糖或中枢抑制。

◎ 服左旋多巴时,忌食动物肝脏、肾脏、鱼类、肉类、蛋类、豆类、奶制品、酵母、谷/麦胚芽及其他高蛋白食物和含维生素 B_6 的食物。

◎ 服消化酶类药物,忌食猪肝和饮浓茶,防酶变性。

◎ 服茶碱类药物,忌食高蛋白食物,防疗效降低。

◎ 服维生素 C,忌食猪肝,防药物失效。

◎ 服维生素 K,忌食含维生素 C 的食物,如山楂、鲜枣、花椰菜、茄子、芹菜、西红柿、苹果等,防维生素 C 破坏维生素 K。

◎ 服铁剂,忌饮食茶、花生、葵花子、核桃,防鞣酸与铁结合,抑制铁吸收。

◎ 服抗甲状腺药物,应少食或不食黄豆、豆油、萝卜、白菜等,防抑制甲状腺激素的合成。

◎ 服抗凝血药,应少食动物肝脏。

◎ 服润喉片、止咳糖浆,忌马上饮水;服盐类泻剂、退热药和磺胺药,应尽可能多饮水。

◎ 服苦味健脾药和祛风健脾药，如黄连、健胃散、龙胆大黄等，服阿司匹林、退热药、异烟肼、布洛芬，忌食糖。

◎ 服保泰松，忌食盐，防肾脏排钠受抑，出现高钠血症。

很多病人在注射青霉素前不愿做皮试，认为这种药以前用过，不会过敏。本着合理用药的原则，解释这种想法是否正确？

此想法会导致抗生素滥用。殊不知，药物过敏反应一般在两次以上用药才会发生。给药次数越多，产生过敏反应的可能性越大。再者，所用药物的生产厂家不同，或同一厂家生产的药物批次不同，都可能成为药物过敏的原因。

毛毛近2日感冒，有低热，奶奶说毛毛服银翘不能喝鱼汤。这说法正确吗？

银翘属清热凉血药，应忌食热性食物。鱼非热性食物，且含高蛋白，食用可提高机体免疫力。

>>> 温馨提示

①使用抗生素应走出三大误区，即抗菌药就是消炎药；越贵的抗菌药越有用；抗菌药使用种类越多越好。②服用抗生素应达到有效血浓度和感染组织中的药浓度，不可自行减量或缩短疗程。③如果需要中、西药合用，两药至少间隔半小时以上，以免发生药物相互作用而增加毒副作用。④忌口只是辅助治疗方法，不要过分讲究。盲目忌口非但不利于原发病治疗，甚至还会威胁到健康。

四、家庭药箱装备

随着人们"大病上医院、小病自己治"就医观念的形成，家庭药箱已成为居家必备，尤其是有老人和儿童的家庭。

家庭药箱备药原则是什么？

1. 根据家庭人员构成和健康状况备药。特别应注意有老人、儿童及慢性病患者的家庭备药。
2. 尽量选择口服药、外用药，严禁混入家庭成员服用后过敏的药物。
3. 选择常见病、多发病、不良反应较少、疗效稳定、用法简单的药物。
4. 3～6个月清理一次。

家庭药箱需常备什么药品？

1. 基础药

如治感冒、退热、止泻、止痛药、眼药膏、伤湿止痛膏等。

2. 季节备药

如春季备抗过敏药，夏季备防暑、防蚊虫叮咬药，秋季备止泻药，冬季备防治感冒、哮喘和胃病药等。

3. 特殊备药

如老人常备抗心绞痛药等。

家庭药箱内的药品如何保存？

1. 最好选择药店出售的小药箱或自制木箱，也可用家里的小橱柜、抽屉。
2. 将内服药与外服药、处方药与非处方药、药品与保健品分开放置。
3. 在标签上写明药名、规格、数量、有效期、适应证、用法、用量、禁忌症、不良反应、注意事项。
4. 药品一般存放在干燥、阴凉、避光处，有些药物（如眼药水）应存放冰箱内。
5. 药物存放地应固定、小孩不方便拿取，最好不要上锁。

6. 特殊归档慢性病(冠心病、高血压、糖尿病、癫痫等)日常用药,应根据医嘱设档单放。

7. 定期清理过期、变质、脱标签的药物,并及时更新。

8. 保留药品说明书,用药时一定要与说明书对照使用。

家庭常见急诊需备什么药品器械?

1. 器械

听诊器、血压计、体温计、压舌板、牙垫、止血带(2根)、固定夹板(2~3块)、镊子(2把)、小搪瓷碗(2只)、剪刀。

2. 辅料

脱脂棉、纱布、绷带(3卷)、三角巾(4块)、胶布。

3. 外用药

乙醇(75%)、碘伏(2%)、来苏尔、高锰酸钾溶液、氨水等。

张老太打开药箱取药,发现胶囊变软、胶囊内的颗粒颜色变化。应如何处理?

凡药物变色、受潮、霉变、过期,表明药物已失效,不可服用。

>>> **温馨提示**

服药时应注意:①看准药名,一字之差可能是完全不同的两种药。"地巴唑"是降压药,"他巴唑"是抗甲状腺药。②仔细阅读说明书,分辨说明书上的用语,如"慎用"——可以使用,但需注意不良反应;"忌用"——应尽量避免使用;"禁用"——禁止使用。③用法、用量。④服药时间在餐前、餐中、餐后还是睡前,是否需要空腹。⑤用药间隔,特别是每日2次用药者,早8点、晚8点服药较科学。

第三章

饮食、运动、环境、心理及社会因素与健康

一、饮食与健康

吃是每天都要进行的最平凡的事,但是吃出健康却是一件不平凡的事。食物可以为人体提供三大功能:①维持人体基本生理需求的营养功能;②赋予色香味的感官功能;③调节生理活性的保健功能。无论是哪一种功能,若是不注意或不清楚其中的知识、观念和技巧,都可能成为个人健康管理的问题。

何为营养与营养素?

营养是指机体通过摄取食物,经过消化、吸收、代谢和排泄,利用食物对身体有益的物质作为组成机体组织器官、调节生理功能和满足体力活动需要的过程。

食物中具有营养功能的物质叫做营养素,包括蛋白质、脂类、糖类、矿物质、维生素、水等六大类。

各种营养素对人体的总体功能包括三种:

1. 提供热量

日常活动的体力消耗来自糖类和脂类所产生的热量。

2. 建构、维持与修补组织

蛋白质是人体生长发育和新陈代谢的必需原料。

3. 调节代谢与生理机能

维生素与矿物质可以调节生理机能。

实际上，所有的营养素都可以调节身体代谢和成为身体组成成分，但只有蛋白质、碳水化合物与脂肪可以作为热量来源，是身体大量需要的。这三类营养素称为巨量营养素；相对地，维生素与矿物质在人体中的需要量较少，则称为微量营养素。

营养与健康有什么关系？

合理的营养饮食是保证人体健康的基础。这些必需营养素若长期缺乏、过剩或是不均衡，会对健康造成损害，例如：若大量缺乏维生素C，会导致坏血病；长期摄取过少的铁质，会引起缺铁性贫血。所以，选择食物应首要考虑食物的营养价值，合理的营养素配比，同时也要注意新鲜、卫生及经济。食物的种类繁多，不同食物含有不同种类、不同含量的营养素，要怎么选择才能获得均衡的营养呢？

合理膳食应达到下列基本要求：

1.食物应供给足够的能量和各种营养素，以保证机体活动和劳动所需要的能量；保证机体生长发育、组织修复、维持和调节体内的各种生理活动；提高机体免疫力，适应各种环境和条件下的机体需要。

2.食物应保持各种营养素均衡。

3.食物加工过程中应尽可能减少营养素的流失，并提高其吸收率。还要具有多样的色、香、味、形，以促进食欲。

4.食物无害、无毒、无污染。

5.三餐营养比例合理，其能量分配在早、中、晚餐中应分别以食物总量的30%、40%、30%为宜。

表 3-1 五大类营养素及其常见且重要的代表物质

营养素		代表物质
糖类(碳水化合物)		葡萄糖、淀粉
脂类		必需脂肪酸,2种
蛋白质		必需氨基酸,8种
维生素	脂溶性	维生素 A、维生素 D、维生素 E、维生素 K
	水溶性	维生素 C(抗坏血酸) B族维生素:维生素 B_1、维生素 B_2、维生素 B_6、维生素 B_{12}、烟酸、叶酸、泛酸、胆碱、生物素
矿物质	常量元素	钙、镁、磷、钠、钾、氯、硫
	微量元素	铁、铜、锌、锰、钼、硒、碘、氟

如何安排每日饮食?

营养专家建议我们每天从下列六大类基本食物中,选吃我们所需要的分量:如图 3-1 所示,见表 3-2。

图 3-1 六类基本食物每日食用量

表 3-2 六类食物日分配量

类别	分量	分量单位说明
五谷根茎类	3~6 碗	每碗 饭一碗(200克) 或中型馒头一个 或吐司面包四片
奶类	1~2 杯	每杯 牛奶一杯(240毫升) 或发酵乳一杯(240毫升) 或奶酪一片(约30克)
蛋豆鱼肉类	4 份	每份 肉或家禽或鱼类一两(约30克)或豆腐一块(100克)或豆浆一杯(240毫升)或蛋一个
蔬菜类	3 碟	每碟 蔬菜三两(约100克)
水果类	2 个	每个 中型橘子一个(约100克)或番石榴一个
油脂类	2~3 汤匙	每汤匙 植物油(15克)

1. 五谷根茎类

米、面、甘薯等食品,主要供给糖类和一些蛋白质。

2. 奶类

牛奶及发酵乳、乳酪等奶制品都含有丰富的钙质及蛋白质。

3. 蛋、豆、鱼、肉类

蛋、鱼、肉、豆腐、豆腐干、豆浆都含有丰富的蛋白质。

4. 蔬菜类

各种蔬菜主要供给维生素、矿物质与纤维。深绿色与深黄红色蔬菜,如:菠菜、甘蓝菜、胡萝卜、南瓜等所含的维生素、矿物质比浅色蔬菜多。

5. 水果类

水果可提供维生素、矿物质与纤维,如:橘子、柳橙、木瓜、凤梨、香蕉等。

6. 油脂类

炒菜用的油及花生、腰果等坚果类,可以供给脂肪。

以上建议适用于一般健康的成年人,但因个人体型及活动量不同,可依个人需要适度增减五谷根茎类的摄取量。每类食物的选择应时常变换,不宜每餐均吃同一种食物。烹调用油最好采用植物性油,并需注意用量。蔬菜类中至少一种为深绿或深黄红色蔬菜。

饮食指标有哪些？

以下8项饮食指标作为饮食的依据，有助于正确的饮食观念和态度的形成：

1. 维持理想体重

维持理想体重是维护身体健康的基础，身体过重容易引起糖尿病、高血压和心脑血管病等慢性疾病；身体过轻会使抵抗力下降，容易感染疾病。维持理想体重应从小开始，培养好的饮食习惯及好的运动习惯。现在常以体重指数（BMI，评估体重与身高比例的参考指数）作为理想体重的指标。它的计算公式为：

理想体重$(kg)=22×$身高$(m)^2$，体重在计算得数±10%范围内较为理想。

体重指数 BMI＝体重(kg)÷身高$(m)^2$，BMI值在18～24之间比较理想。

BMI计算的是身体脂肪的比例，主要反映全身性超重和肥胖，在测量身体因超重而面临心脏病、高血压等风险上，比单纯的以体重来认定，更具准确性。肥胖的世界标准是BMI在18.5至24.9时属正常范围，BMI大于25为超重，BMI大于30为肥胖。亚洲人体格偏小，用世界标准来衡量不适宜。有专家建议，中国人体重指数的最佳值应该是20～22，BMI大于22.6为超重，BMI大于30为肥胖。

需要特别强调的是，不是每个人都适用BMI的。如果你属于以下情况之一，那么BMI的指数对你就不适用：①未满18周岁；②运动员；③正在做重量训练；④怀孕或哺乳中；⑤身体虚弱或久坐不动的老人。

另外，我们不建议用BMI来衡量一个人的体重是否标准，并以此决定其在饮食和运动上是否需做出相应调整。如果你认为BMI算出来的结果不正确，请带着结果与你的医师讨论，并要求做其他相关测试。

2. 均衡摄入食物

人体所需营养素的种类非常多，一种食物不可能含有人体所需的所有营养素。为了使身体能够获得需要的各种营养素，必须均衡地摄入食物，不可偏食。均衡饮食的原则是每天都摄取五谷根茎类、奶类、蛋豆鱼肉类、蔬菜类、水果类及油脂类食物，尽可能多地选择新鲜食物。

3. 三餐以五谷为主食

三餐的主食应以米、面等谷类食物为主，含有丰富淀粉和多种必需营养素，是人类最理想的热量来源。

4. 尽量选用高纤维的食物

食用植物性食物是获得纤维素的最佳方法，富含纤维素的食物有豆类、蔬菜类、水果类及糙米、全麦制品、番薯等五谷根茎类。含有大量纤维素的食物可预防和改善便秘，并且可以减少患大肠癌的概率；也可降低血胆固醇，有助于预防心脑血管疾病。

5. 少油、少盐、少糖

高脂肪饮食与肥胖、脂肪肝、心脑血管疾病及某些癌症有密切的关系。饱和脂肪酸及胆固醇含量高的食物过量摄入是造成心脑血管疾病的主要原因之一。平时应少吃肥肉、五花肉、香肠、干果类、油酥类点心及高油脂零食等脂肪含量高的食物，日常也应少吃动物内脏和蛋黄、鱼卵等胆固醇含量高的食物。烹调时要尽量少用油，且多用蒸、煮、煎、炒替代油炸，以减少油脂的摄入量。

食盐的主要成分是钠，经常摄取高钠食物易患高血压。烹调时应少用盐及含有高量钠的调味品，如：味精、酱油及各式调味料；并少吃腌制品及调味浓重的零食或加工食品。

糖除了提供热量外几乎不含其他营养素，又易引起蛀牙和肥胖，应尽量少食用。通常的中、西式糕点不仅多糖而且多油，更应节制食用。

6. 多摄取钙质丰富的食物

钙是构成骨骼和牙齿的主要成分，摄取足够的钙质，可促进正常的生长发育,并预防骨质疏松症。牛奶含丰富的钙质,且最易被人体吸收,每天最好饮用1～2杯。其他含钙质较多的食物有奶制品、小鱼干、豆制品和深绿色蔬菜。

7. 多喝白开水

水是维持生命的必要物质,可以调节体温、帮助消化吸收、运送养分、预防及改善便秘等。每天应摄取6～8杯水。

8. 饮酒要节制

饮酒过量会影响各种营养素的吸收及利用,容易造成营养不良及肝脏疾病,也会影响思考判断,甚至引起意外事件。怀孕期间饮酒,容易造成胎儿畸形或体重不足。

不同年龄与职业人群的膳食?

不同年龄、不同职业人群的生理状况和营养需要各不相同,食物的摄入也应作相应调整。

1. 婴幼儿合理膳食

婴幼儿生长发育迅速,对营养的需求较高,如果喂养不当,不仅影响生长发育,还会影响其一生的健康状况。

● 母乳喂养　母乳是婴儿最理想的天然食品,它不仅能全面提供4～6个月以内婴儿需要的各种营养物质,而且可增强婴儿对疾病的抵抗力,也有利于促进母亲的产后恢复。

母乳喂养的方法非常重要,婴儿开始吸母乳的时间(即开乳)越早越好,开始1～2小时哺乳一次,1～2天内母乳逐渐增多,婴儿吃饱后睡眠时间随之加长,可2～3小时喂哺一次;产后1～2天因乳汁分泌少,有些母亲担心婴儿吃不饱,影响体重增长而用奶瓶喂给糖水或牛乳以替代母乳,这种做法并不妥当,婴儿体重在最初1～2天因吃不饱而增长不快,待母乳分泌正常后,新生儿体重可逐渐恢复。

● 添加辅食　断乳期婴儿所添加的食物可统称为辅食。婴儿辅食添加的时间应从4～6个月龄开始,至8～12个月龄完全取代母乳较为适宜。添加辅食并不需要终止哺乳,母乳喂养时间至少应持续 6 个月,然后开始减少哺乳次数,逐渐过渡到 8~12 个月时完全断乳。

婴儿胃肠功能不够完善,增加辅食不能操之过急。从食物的种类上,首先添加谷类及其制品,其次是蛋黄、鱼类、细嫩的蔬菜等,再次是肉类、全蛋、豆类等,最后过渡到容易消化的普通家庭食品。添加辅食应从稀到稠,从细到粗。从食物的数量上应从少到多。婴儿对食物的适应能力和喜好有很大差异,辅食增加的月份和增加的快慢都应根据具体情况灵活掌握。

幼儿期仍属生长发育较为迅速阶段,缺铁性贫血、佝偻病、核黄素缺乏症及轻体重、低身高等也较常见。饮食上要注意能量、蛋白质、钙、维生素 A、核黄素和维生素 C 等营养素的补充,膳食组成和烹调加工方法要适当地调整和改进,尽量减少上述营养物质的流失。

● 人工喂养和混合喂养 人工喂养时尽量用牛乳、鲜羊乳、乳粉或配方乳等乳制品,因为乳类的营养价值高于豆类、谷类代乳品。

婴儿的喂养还可采用混合喂养,在 6 个月前以乳类为主,保证优质蛋白质的供给,6 个月后除乳类外可补充豆类和谷类辅食。

>> 温馨提示

给婴儿添加辅食时要注意,增加从未吃过的新食物时要先试一种,等婴儿习惯后再试另一种。一般一种食物要一周左右才能适应。如吃后没有厌食、呕吐、腹泻等症状时再试另一种,一般不要同时添加几种新食物。另外,给 1~3 个月婴儿添加果汁、菜水、鱼肝油等不是真正的辅食,它主要是为了补充母乳或单乳中维生素 D 的不足,或者人工喂养时维生素 C 的缺失。

2. 青少年的营养膳食

儿童青少年正处于生长发育阶段,除维持新陈代谢外,还要满足组织生长发育的需要,所以他们对营养素和能量的需要量比成人要高。尤其是青春期,是人的一生中体格和智力发育的最重要时期。这一时期内的生长速度、性发育、学习能力和工作效率都与营养状况有着密切的关系。但个体间发育速度的差异性很大,营养上不宜按照年龄一视同仁,而要根据具体情况做适当调整。可增加五谷根茎类、奶类及蛋、豆、鱼、肉类的摄取量。

>>> 温馨提示

> 儿童的胃、肠道对粗糙食物还不太适应,肝脏储存糖原的能力也不如成年人,对外界有害刺激的抵抗力也较弱,这些情况是需要注意的。另外,还要让青少年养成良好的饮食习惯和生活习惯,避免偏食和挑食。

3. 孕乳妇的营养膳食

妊娠是一个复杂的生理过程,孕妇除了维持自身所需能量外,还要负担胎儿生长发育以及胎盘和母体组织增长所需要的能量。泌乳期妇女的营养需要量明显比妊娠期要高。孕乳妇对六大类食物均应酌量增加,为避免骨质疏松症,最好每日能增加1~2杯牛奶;必要时,可用低脂牛奶代替,以降低热量的摄取量。但孕期的营养素需要量也不完全是母亲孕前的营养需要量和胎儿生长发育所需量的简单相加,要根据不同情况相应增加。

4. 中年人的合理膳食

按我国现阶段的年龄划分标准,一般35~49岁称为中年;按WHO近年的年龄划分标准,45~59岁为中年。中年是人生的黄金时代,担负着重要的社会劳动,工作经验丰富,社会责任大。在生理上,既是功能全盛时期,也是开始进入衰老的过渡时期。如果能合理营养膳食,对延长中年期、抗衰老和延寿都有重要意义。

● 中年人的膳食有八项原则:控制总热量,避免肥胖;保持适量蛋白质;适当限制糖类;低脂肪、低胆固醇饮食;多食含钙丰富的食品;抗癌饮食;少盐饮食;节制饮食。

● 中年人的饮食搭配:谷类600~800克;每周有2~3餐鱼类

及其他水产品;多食豆类、坚果、菌类、藻类、水果和蔬菜。

许多中年人患上了肥胖症、高血压、高脂血症、心脑血管病、糖尿病、肿瘤和骨质疏松症等,这些疾病与饮食有关吗?如何预防?

这些疾病常与膳食结构不合理、营养素摄入不均衡有关。预防的方法是增加膳食蛋白质的摄入;每日食盐摄入不超过6克;适当限制糖类及脂肪类食品;食不过饱、控制体重;多食蔬菜、水果以增加维生素和膳食纤维的摄入;每天饮牛奶或豆奶一杯,补充钙质;主食粗细搭配,避免食用加工过精过细的食品。

5. 老年人的营养保健

从我国营养学考虑,50岁以后就步入老年的范围,这样划分和一般的年龄分期有所不同。老年人各组织器官的功能随年龄的增长逐渐降低,对体力消耗增加的适应能力和应对营养素短缺的储备功能都降低。

● 老年人的饮食除适量减少油脂类及五谷根茎类的摄取外,还应遵循以下原则:适宜平衡饮食;饮食制度合理;科学烹调加工;忌食肥甘厚味;节制饮食;食物需新鲜,忌过冷过热;环境和谐情绪好;戒烟酒适饮茶。

● 老年人的膳食平衡宝塔:第一层是油脂类,每天不超过25克,糖少于25克,盐少于8克;第二层是奶类和豆类食物,每天应吃奶类及奶制品220克和豆类及其制品100克;第三层鱼、禽、肉、蛋等动物性食品,每天125~200克;第四层是蔬菜和水果,每天总量400~500克;第五层(最底层)是谷类食物,每天300~500克。

>>> 温馨提示

适合老年人的饮食特点:少吃多餐,食物多样化;软、烂、温度适宜;少吃刺激性调料,避免酸辣;不要长期吃油条、咸菜、方便面、腊肉、动物内脏、皮蛋等食物。

老年人骨质疏松症、老年痴呆症和便秘的营养疗法有哪些原则?

①骨质疏松的营养疗法原则:高钙、高磷食物、高维生素D、高质量的蛋白质食物,戒酒。②老年痴呆症的营养疗法原则:增加蛋白质的供给;量出而入,防止饱食;高维生素的平衡饮食;摄入适量的无机盐和微量元素,避免铝和铅的摄入;防止失水。③常用的饮食治疗便秘的方法:多食纤维素含量丰富的食物;多食泛酸含量多的食物;赤小豆配咸菜、粗米饭、牛奶一起食用;红薯、柠檬配粗茶一起食用;碾碎的黑芝麻30克加粳米60克、杏仁10克熬粥食用;在佐菜中还可以用白萝卜皮加适量的香油凉拌做零食;银耳加蜂蜜、核桃仁、花生米。

6. 化学因素环境下人员的营养保健

化学因素环境下的影响多指在开采、冶炼、化工、金属、机械、棉纺、油漆、塑料等行业,以及农药、医药的生产、加工过程中,受铅、汞、苯、有机磷等有害物质和有害空气的侵害。除药物治疗预防外,应合理使用营养措施,提高机体各系统的抵抗力,增强对有毒化学物质的代谢解毒能力,减少毒物吸收并使其转化成无毒物质排出体外,这样有利于康复和减轻中毒症状。同时还应注意,当从业人员脱离与有毒化学物质的接触后,由于身体各系统器官受到毒物的损害尚未恢复正常生理功能,因此仍然需要提供合理营养,针对毒物的化学性质,配合药物采取营养手段进行保健。日常生活中的解毒食品有绿豆、大蒜、猪血、海带、茶叶、无花果、胡萝卜、香菜等。

表 3-3　食物所含热量与营养素量表

食物	热量（卡路里）	蛋白质	脂肪	钙质	铁质	维生素A	维生素B群	维生素C
五谷根茎类	++++	+	−	−	−	○	+	−
可乐	++	○	○	○	○	○	○	○
后腿瘦肉	+++	++++	+++	−	+	−	+++	−
鱼	+++	++++	++++	+	−	−	+	○
蛋	+++	++++	++++	+++	+	++	++	−
全脂牛奶	++	+	+++	++++	−	+	+	○
猪肝	+++	+++++	++	−	++++	++++	++++	++++
豆腐	++	++	++	+++	++	−	+	○
深绿色深黄红色蔬菜	−	−	−	++++	+++	+++	++	++
浅绿色蔬菜	−	−	−	+++	+	+	+	++
深黄色水果	+	−	−	++	−	+++	++	++++
苹果	+	−	−	+	−	−	++	+

表注：+++++非常丰富，+++丰富，++中等，+少量，−微量，○没有。

7. 放射性环境下人员的饮食营养保健

从事放射性作业工作如摄影、X光拍片和微机操作人员，由于工作中经常接触放射线照射，可使机体产生辐射损伤，对营养代谢有一定影响。所以，在防护与治疗放射损伤时也应考虑到营养素的作用。预防放射损伤的手段之一是平衡膳食，除注意能量、蛋白质、脂肪、无机盐的饮食平衡以外，可多食一些可以预防放射损伤并可恢复白细胞数量的食品，如蜂王浆、大枣、香菇、人参、党参、花生米、冬虫夏草、螺旋藻等。

8. 高温低温环境下人员的饮食营养保健

在不同温度环境中人体可以出现生理功能变化，如体温调节、水盐代谢、消化和循环等功能的变化,对营养的需求也会随之有所变化。

● **高温环境下常用的食品**　多吃凉性蔬菜如苦瓜、黄瓜、甜瓜、丝瓜、西瓜、番茄、茄子、芹菜等;多吃"杀菌"蔬菜如大蒜、洋葱、韭菜、大葱、香葱、蒜苗等;多吃瓜类蔬菜。

● **低温环境下常用的食品**　羊肉、狗肉、鸡肉、虾、鸽肉、鹌鹑肉、龟肉、枸杞、辣椒、土豆、韭菜、大蒜、刀豆、南瓜、栗子、核桃、枣、桂圆、荔枝、广柑、胡萝卜、洋葱、糯米等食物及茴香、姜、葱、蒜、红糖等调料。

二、运动与健康

运动是经过特别设计和安排的个人或团体的身体活动,并在自由的意识与愉快的心理状态下进行且符合运动规则及精神的身心活动。

如何制定安全有效的锻炼方案?

每个人对健康的看法都会因自身的健康状况、生活环境、家庭状况、自我照顾能力以及年龄的不同而有所差异。当然,也有一些共同点,比如没有病、能做事、能自己照顾自己等,大家认知相同,可以努力追寻得到,也就是健康指标。达到健康指标的锻炼方案的制定有一些基本原则:

1. 选择适合自己的锻炼方式

首先,要选择适合自己的锻炼方式,这样才能使自己乐在其中;其次,尽量选择一些简易舒适的活动,最好使这些活动变成自己的生活方式;最后,要有针对性地选择,确定短期和长期的锻炼目标。此外,根据参加人数的限制,自由选择个体或集体运动。

2. 锻炼身体要适度

安全有效的锻炼方案需要一个合理的运动指标,国际医学界推荐的可以对健康产生积极影响的体力活动量为每周活动3次以上,每次持续30分钟以上,强度为中等。其判断标准是稍微感觉疲劳,且心率相当于最大心率(最大心率＝220－年龄)的60%~80%。

● 青年人每天至少进行中等强度的运动60分钟,同时每周至少参加一次能够增强肌肉力量、促进骨骼生长的锻炼,比如游泳、变速跑等。

● 健康的成年人每天必须进行30分钟中等强度的运动,这是预防疾病的最低要求。运动可根据自身的情况分2~3次完成。

● 老年人应该重点锻炼身体的灵活性、柔韧性和平衡能力,每天坚持散步、做简单家务以及遛遛狗等都是不错的选择。

3. 持之以恒,挑战自我

锻炼身体是一项长期的任务,只有坚持不懈、持之以恒才能起到强身健体的目的。同样,对于我们制定的锻炼方案,只有长期执行才能取得效果。

>> 温馨提示

开始一项锻炼计划的时候,必须充分考虑自己身体的承受能力。一味强调锻炼效果而不顾自身的条件,很可能会适得其反。严重的还可能造成运动损伤,影响身体健康。刚开始锻炼的时候节奏要放慢一些,等到身体能适应的时候再逐渐延长锻炼时间,加快锻炼节奏。

你知道四季健身方案的内容吗?

1. 男性四季健身方案

年龄不同的人身体状况以及精神状态都有所不同,只有针对自己年龄的变化,选择合适的运动强度和运动方案,才能让身体达到真正的健康状态。

● 30岁左右

◎ 年龄特征:这个年龄段的很多人还在吃着"年轻身体好"的本钱,这是不科学的,应该注意进行一些运动以及时纠正身体的异常状况。如果关节发生响声,这是关节病的先兆。为了使关节保持较高的柔韧性,应多做伸展运动,还要注意心血管系统的锻炼。

◎ 锻炼方案

针对心血管系统:主要方法为慢跑或游泳,每次5~30分钟,隔日一次。

针对背部和腿部肌肉伸展:主要方法为仰卧,尽量将两膝提拉到胸部,坚持30秒钟;仰卧,两腿分别上举,尽量举高,保持30秒钟。每天坚持5~10分钟。

◎ 注意事项:如果长时间间断锻炼,锻炼方案应该重新进行。初期锻炼切忌运动强度过大,应当给机体适应运动的过程。如果年龄在35岁以上,应当定期做心电图检查,以便及时调整运动方式。

● 40岁左右

◎ 年龄特征:工作的繁重与疲劳,是造成此年龄段男士亚健康状态的主要原因,上有老下有小的生活状态使得这部分人群忽略了运动的重要性。在这个年龄段,很多男性的身体都开始发福。因此更应该注意对一些常见老年病如高血压、心脑血管病等的预防。

◎ 锻炼方案:主要是针对心脑血管的锻炼,中等强度体力训练,如慢跑、游泳、骑自行车等。每周2次,每次25~30分钟。

● 50岁左右

◎ 年龄特征:50岁以上的男士不能完全像年轻人那样锻炼身体,应该从身体负担小且易学习的简单运动做起,最好将有氧运动与力量练习结合起来。有氧运动如散步、慢跑、跳健身舞、游泳等,力量运动可以做哑铃和杠铃等器械练习。

◎ 锻炼方案:网球、长距离滑雪、游泳、慢跑、打高尔夫球、跳舞、散步,每周运动2次,每次10~15分钟。

● 60岁以上

◎ 年龄特征:子女已长大成人,属于自己的时间越来越多。部分人群已经受到疾病的困扰,应当根据实际身体状况选择适合自己的锻炼方式,最好选择强度比较弱的有氧运动。

◎锻炼方案:打太极拳、散步、跳舞、慢跑(慎重选择)、爬山(慎重选择)等。运动强度以适度为主,建议不要选择剧烈运动或遵照医嘱,及时关注运动时心率及身体情况,如感不适,应立即停止运动。

>>> **温馨提示**

男性健身要避免擅自增加运动时间和强度,特别是不同疾病有不同运动的注意事项,如冠心病患者应在医生指导下正确进行运动,并在运动时随身携带急救药物。

2. 女性四季健身方案

● 30岁运动使您美丽

◎年龄特征:这个年龄段的女性开始关注自己的体形特征,知晓内涵气质的重要性。身体柔韧度的训练帮助舒缓女性职业疾病的困扰。

◎健身方案

室内:节奏操、韵律操、保健操、健美操、有氧体操、柔韧体操、瑜伽、普拉提等都是针对女性的曲线度、柔美性而设计的健身方法和手段。

户外:慢跑、骑自行车、游泳等。

● 40岁运动呵护健康

◎年龄特征:40岁的女性身体机能和身体素质明显下降。不少女性身体进入亚健康状态,开始承受失眠等困扰。这个时期,不宜从事负荷巨大的运动。

◎健身方案:侧重于耐力、柔韧性的锻炼,不强求速度和力量。比如跳交谊舞、游泳、跳绳、踢毽子等。更年期妇女宜做一些有趣味性的活动,如跳交谊舞、跳老年迪斯科、做韵律操等。

● 50岁运动健康永驻

◎年龄特征:50岁的女性时间更加宽裕,不少女性已经加入了退休行列,有更多的时间锻炼身体。这时女性的身体已经开始出现了某些老年疾病的先兆。

◎ 健身方案：跳交谊舞、踢毽子、游泳等，也可以进行爬楼梯等比较便捷的运动，重点放在心脑血管的养护上。

● 60岁运动防病健身

◎ 年龄特征：一些老年疾病开始出现。由于照看子孙，部分老年人有时会感觉疲惫不堪。

◎ 健身方案：散步、太极拳、爬山（应根据实际情况慎重选择）、打门球等。

>>> 温馨提示

> 女性更年期时，身体部分功能会出现一些变化。如果感觉身体有任何不适，应减少运动时间和强度。

有简易运动健身方法吗？

无论从事哪种运动，合适的运动鞋是必需的，如何选购运动鞋：不要早上买鞋（早上脚比较小）；选择有信用的商店；两脚皆需试穿，并测试柔软度是否合适；鞋子不可与脚尖直接接触，脚趾前端应预留一个拇指的空间，可用手指压一下。

1. 步行健身法

步行健身简单、易行、经济、有效，能增加肌力和肌肉耐力。达到减肥的目的；增强心脏和肺脏的功能；缓解工作压力。

● 步行的速度　散步每分钟60米；普通步行每分钟70米；稍快每分钟80米；很快每分钟90米；极快每分钟100米。

● 步行的方法　步行前做5分钟热身运动；保持身体端正姿势；上半身微向前倾；脚跟先着地；摆动手臂；加大加快脚步（步幅＝身高－100，10％伸缩）；每天一次，每次至少30分钟；步行结束时仍要做整理运动。

2. 跳绳健身法

跳绳能增强体力，增加全身的肌力和肌肉耐力；增强心脏和肺脏的机能,降低患高血压和心脏病的机率;防止血管老化和动脉硬化;增进全身神经、肌肉的协调能力;达到减肥的目的;养成优美的姿势和提高健康的体能;训练集中注意力的能力;缓解身心压力。

跳绳的注意事项:

● 跳绳的姿势:绳子长度,以脚踩绳子,双手拉起两手臂与地板呈水平状态最理想;跳绳时,身体自然挺直,两眼自然直视前方即可。

● 跳绳的速度:初学者不适合跳得太剧烈,应采用(1、2、3)渐进原则来学习,见表3-4。

表3-4 跳绳的速度

年龄	20岁左右	30岁左右	40岁左右	50岁左右
每分钟次数	110~130次	90~110次	80~90次	70~80次

● 其他 跳绳前后,要做热身运动及整体运动;场地应是木地板、PU塑胶地板、水泥地;塑料器材;棉质服装、慢跑鞋。

3. 游泳健身法

要保持健美的身材,锻炼我们的肌力、肌肉耐力以及增强心肺功能,最好的运动方法就是游泳。游泳也是运动伤害较少的运动项目之一。简单游泳的健身计划见表3-5。

表3-5 游泳健身计划

阶段	练习时间	游泳速度	持续时间
第一阶段	两星期	每分钟30米	游5分钟,中间可休息。
第二阶段	两星期	每分钟30~40米	游12~13分钟,中间可休息。
第三阶段	一星期	每分钟30~40米	游12分钟,中间减少休息或不休息。
第四阶段	一星期	每分钟30~40米	游15分钟,中间不休息。
第五阶段	两星期	每分钟30~40米	游30分钟,中间可休息5~10分钟,加起来共35~40分钟。
第六阶段	两星期	每分钟30~40米	游30分钟,中间不休息,此时可游1000~1200米。

4. 跑步运动健身法

在美国,散步与慢跑已成为生活的一部分,跑步可增强心血管系统的功能,减少胆固醇在血管壁的堆积。许多人认为跑步可以获得放松、减轻压力、紧张及沮丧。跑步运动计划见表3-6。

表3-6 跑步运动计划

程度	跑法	跑一千米所需时间	速度（千米/小时）	心跳强度（大约）	跑20分钟的距离（大约）
初级程度	慢跑	12分钟	5	60%	1.66千米
	微快	10分	6	65%	2.00千米
中级程度	轻快跑	8分钟34秒	7	70%	2.33千米
	稍快跑	7分钟34秒	8	75%	2.66千米
高级程度	中度跑	6分钟40秒	9	80%	3.00千米
	快跑	6分钟	10	85%	3.33千米

5. 其他简易健身方法

例如:骑自行车、伸展运动、划船运动、徒手体操、有氧舞蹈等。

什么是运动伤害的R、I、C、E法?

采用R、I、C、E原则,适用于扭伤、撞伤、拉伤、脱臼等运动伤害的治疗。

◎R——休息,减少由于继续活动所引起的疼痛、出血或肿胀现象。

◎I——冰敷,止肿止痛。

◎C——压迫患部,止血和止肿。

◎E——患部抬高,将患部举高至高于心脏,防止大量出血和肿胀。

很多人习惯早起晨练,这样对身体有好处吗?

过早晨练不科学。医学证明,早晨刚起来的时候人体各脏器水平尚处于较低水平,难以适应外界环境的变化,需有一个逐步调整的过程,才能使生理功能活跃起来。如果经常借助外力来强迫大脑停止休息,会强行改变体内的生物节律,加重心理疲劳和细胞损伤,出现精神萎靡、注意力不集中、理解力下降等症状。而且晨练后,对肌肉代谢产生的废物消除不利,也会使人感到精神恍惚,四肢松弛无力。另外,由于花草树木在夜间吸收氧气,放出CO_2,在这种环境中进行晨练对身体不利,甚至可导致头晕脑涨、晕倒。因此老年人晨练不宜太早,以太阳初升后为宜。

你知道热身运动吗?

1. 热身运动的定义

热身运动又称"暖身运动"或"准备运动"。热身可以提高身体的工作效率、提升运动成绩、减少运动伤害,运动开始前都要做热身运动。

2. 热身运动的生理效果

● 升高体温 加速血液循环、新陈代谢、排除乳酸、减少堆积,使运动时不易产生疲劳。

● 改善神经肌肉的协调功能 身体温度升高,肌肉收缩速度加快,加速神经传导,使神经肌肉的协调性增强。

3. 热身运动预防伤害

体温低时,血液大多集中于内脏,肌肉血液量相对减少,较容易导致肌肉拉伤。热身后体温升高,各部分肌肉经活动后,肌肉、肌腱、韧带及其他结缔组织伸展性提高,关节活动范围增大,可减少脱臼及关节扭伤的危险发生。

4. 热身方法

● 较常用的热身方式有慢跑、跳绳、伸展操等。

● 不常运动者,2~3分钟已足够。

● 普通运动者约5分钟 优秀选手需15~20分钟。

● 热身时,需与所从事的主要运动类型类似,例如:从事篮球运动前应做跑步、跳跃、投篮等全身性热身。

如何判断及处理运动疲劳与酸痛?

1. 疲劳的定义

所谓"疲劳"是指运动所造成运动能力下降的现象,有动作缓慢、四肢无力、注意力不集中、无法顺利进行肢体操作等现象。

2. 疲劳的部位

中枢神经系统疲劳、神经与肌肉交接处疲劳(运动终板疲劳)、肌肉本身疲劳(最常见)。

3. 肌肉酸痛

肌肉酸痛分两类：

● 急性肌肉酸痛　在运动中或运动后短期内产生肌肉僵硬或疼痛的症状。急性肌肉酸痛,可能是局部肌肉缺血,代谢物质堆积所致,一旦运动强度降低或停止运动后酸痛即可消失。

● 慢性肌肉酸痛　运动后24小时才发生,可能是肌肉组织受伤或肌肉痉挛所致,可持续2~3天才会好转。

4. 消除疲劳及酸痛的方法

● 整理运动　使呼吸循环仍保持一定水平,有利于排出体内废物,加快对疲劳的消除。

● 洗温水浴　有利于肌肉的放松,可使血管扩张,血液循环加快,加快糖类、矿物质的补充速度。

● 按摩　消除疲劳的重要方法,可使肌肉放松,改善肌肉中血液循环,加速代谢物排出,以消除疲劳。

● 营养的补充　能量的枯竭是疲劳的主因,所以运动后应立即补充能量及各类营养素,以迅速恢复体能。例如运动中大量流汗,体内钾、钠、钙、镁等矿物质因排汗而大量流失,此时可以喝一些运动饮料,以补充体内矿物质。

● 睡眠　睡眠是消除疲劳的良好方法,有利于体内能量的补充及体力恢复,成年人每天需8小时睡眠,青少年最好有10小时睡眠。

如何补充运动水分?

水分是维持人体生命的重要物质,约占体重的2/3。当运动流失的水分约占体重的2%时,会感到口渴,尿量减少;水分流失过多会影响血液循环,使体温急速上升,可能导致中暑、热疲劳及热痉挛等。所以运动中的饮水显得格外重要。

1. 运动前

在运动或比赛前 20~40 分钟,可以先补充 250~500ml 的水分,对运动能力不会有影响,但应避免喝咖啡、可乐、浓茶及烈性酒等,以果汁为最佳。

2. 运动中

人在运动中每小时可自胃中消耗 800ml 的水分,但不宜大量饮水,最好每 15 分钟补充约 100~200ml 的水分,超量则易引起胃的不适。

3. 运动后

充分补充所需的水,必要时可饮用适当的盐水,以补充因流汗丧失的电解质。

>>> 温馨提示

一般人(尤其是年长者)认为运动中不可饮用冰水。事实上,根据南非医生维因达姆的研究指出,约 5℃ 的饮料最容易被吸收,即使冰箱内 4℃ 的水也无妨。美国职业足球队员在比赛中饮用冰块冰过的饮料,也未曾发生过胃痉挛的现象,运动时不宜饮用热开水或热饮料。

如何防护运动抽搐?

1. 运动抽搐的原因

运动抽搐是运动中常见的现象,较易发生抽搐现象的情况如下:

● 经过长时间运动,没有进行适当的休息而继续运动时,容易引起肌肉疲劳。

● 突然改变运动方式或突然增加运动负荷,引起肌肉急剧收缩。

- 以不适当的姿势运动。
- 环境温度冷热差异过大。
- 运动前的准备运动做得不够。
- 情绪过度紧张。
- 局部循环不良。
- 流汗过多,体内水分及盐分缺乏。

2. 运动抽搐的及时处理

当运动中发生抽搐时,应立即停止运动,坐下或躺下休息,抓住抽搐的肌肉,缓慢而持续地拉长,绝不可用力敲打或将肌肉过度拉长,以避免疼痛加剧或造成肌纤维断裂。例如,小腿抽搐的处理。

3. 运动抽搐的预防

抽搐是可以预防的,只要做好下列事项,即可避免抽搐的发生。
- 身体不适或过度疲劳时,不宜再继续剧烈运动。
- 运动前先做好准备运动。
- 流汗过多时应及时补充水分或盐分。
- 饭后或剧烈运动后,不应立即下水游泳。
- 运动时不宜穿太厚、太紧身的衣裤。
- 运动时尽量放松心情,使肌肉更放松。
- 用慢跑来改善肌肉的血液循环。
- 睡眠时,双脚应盖棉被,使其保暖。
- 倘若抽筋次数太频繁,有可能是脊髓或其他部位疾病的先兆,应及时咨询医生。

成人病患者如何运动?

常见的成人病有肥胖、高血压、心脏病、糖尿病、骨质疏松症。

1. 肥胖者的运动方法
- 选择消耗脂肪的运动,例如:登山、慢跑、踩脚踏车等。
- 主动运动而不是被动运动。
- 须做全身综合性运动。

● 注意运动安全。在轻度运动适应后,再加强运动量级和持续时间。

● 一般人全身性耐力运动,约每周两至三次,但以减肥为目的者须每天一次较理想。

● 勿穿厚重的衣服进行运动。

2. 高血压病人的运动方法

有不少研究表明,运动有降低血压的功效,血压越高运动后的效果越明显。

● 先做身体检查,了解自己的体能和安全运动量。

● 运动强度并非越轻越好,像伏地起身、举重、短跑等都不适宜。

● 持续时间每次或每天按照自己体能与合适的运动强度,持续15~60分钟较好。

● 运动次数以每周3~5次为宜。

>>> 温馨提示

高血压患者运动时应注意运动前安静时的血压越高者运动强度应越小;应避免做需要憋气的运动,如搬重物、重量训练、倒立等;不宜勉强运动;注意天气情况,避免运动后冷水浴。推荐:步行、打高尔夫球、登山、慢跑、有氧舞蹈等耐力性的运动。

3. 心脏病病人的运动方法

运动是预防心脏病最积极的做法,因为运动可以使心肌收缩增强、心输出量增加、血液循环更通畅、血压降低、促进末梢血管增生、动脉血管的硬化现象减少等。

● 遵照医生嘱咐,选择渐进的运动方式,持之以恒,以收到促进康复的效果。

● 不可选择过于剧烈的运动形式,伸展操、快走、慢跑等有氧运动都是不错的选择。

● 一旦运动中感觉呼吸困难、胸痛、脉搏不规律、头晕、恶心、肌肉酸痛等,表示运动强度太大,必须立即停止。

4. 糖尿病病人的运动方法

糖尿病是一种慢性疾病,一旦患此病,病人就要与之"朝夕相处,共度一生"。糖尿病除了已知的药物饮食治疗外,世界各国治疗糖尿病的专家都认为,要治疗糖尿病,药物、饮食、运动三者缺一不可。

● 运动前应接受体检　并不是所有糖尿病患者都能运动,研究表明,只有血糖得到良好控制者才能运动。因为运动会使血糖升高产生酮血症,严重时导致昏迷。

● 选择合适的运动强度　每位患者的体能状况不同,没有一个固定的运动方式,所以了解自己的体能状况是糖尿病患者选择合适的运动强度最重要的一环。判定运动强度的常用方法有两种:一是脉搏数判定法(表3-7);二是自我判断法,即运动强度判定法。

表3-7　利用脉搏数判定运动强度

脉搏数＼运动强度＼年龄	低强度	中强度	高强度
30岁	84	108～131	155
40岁	82	105～127	150
50岁	81	102～123	144
60岁	80	99～119	138
70岁	78	96～115	133
运动强度自我判定	非常轻松的运动,运动自如	稍有运动,适合一般人的运动强度,呼吸稍快	感觉很激烈但尚能维持、大量流汗

● 了解自己的体能水平　初级体能:快走不到3分钟就感到呼吸急促不舒服。中级体能:能够走完3分钟,但不能顺利走完10分钟。高级体能:能够轻松、愉快地走完10分钟。

● 渐进式运动原则　无论任何人,只要持续从事运动,一定会有效。体能改善的同时也应增加运动的质量,例如:将运动持续时间延长，或者做稍强的运动。

● 日常生活中的运动　广义来说运动是指一切身体活动，在工作中已经有相当程度的运动，在生活中，如扫地、拖地、上下楼也算运动的一部分。

● 运动的实施方式　糖尿病病人每周要运动3~5次，每次运动30分钟左右，尤其是饭后30分钟，血糖值最高时散步运动对身体帮助很大。

>> **温馨提示**

> 糖尿病病人运动应注意：①避免运动过度产生低血糖现象，因此严重糖尿病患者应避免剧烈运动；②运动时应随时携带方糖，做消耗体能的运动中应补充糖分避免低血糖的发生；③空腹时要避免运动，如果运动中感到饥饿或无力时，可能已处于低血糖状态，此时应停止运动，休息一下；④应注意运动伤害，糖尿病病人末梢循环较差，一旦受伤较难痊愈，尤其是足部，最好穿棉质袜子和慢跑鞋，以减少受伤的机会；⑤注意运动后的卫生，糖尿病病人皮肤较易受到感染，所以运动后要冲洗、淋浴、更换内衣，经常保持皮肤清洁是很必要的；⑥让你身边的人知道你有糖尿病，万一有紧急状况，别人才能及时帮助你。

5. 骨质疏松症病人的运动方法

骨质疏松症是遗传、钙摄取不足、缺乏运动、激素缺乏及疾病等原因所致。

● 做适当负荷的运动　健走运动十分适合骨质疏松症患者。另外，爬山、爬楼梯、打木球、打高尔夫球、打太极拳等轻负荷运动都比较合适。

● 持续运动才有效　最好每天运动30分钟，或者每周运动三次。

● 积极走出户外　走出户外，增加运动机会，晒太阳也是增强骨质的好方法。

> **温馨提示**
>
> 骨质疏松的患者要注意运动安全。要避免做过度负荷的运动;避免做大角度前弯、后仰动作;避免做剧烈震动肢体的动作或过度伸展的动作;避免做有跌倒危险的动作;驼背的人不适合做有负荷的运动。

三、环境与健康

从18世纪工业革命开始,人类文明的进步在满足人类欲望的同时,也带来了困难重重的环境污染问题。

怎样理解人类环境?

人类环境是指以人为主体的外部世界,它包括客观存在的自然现象及社会条件。世界卫生组织(WHO)给环境的定义是在特定时刻由物理、化学、生物及社会各种因素构成的整体状态,这些因素可能对生命机体或人类活动直接或间接地产生现时或远期作用。

1. 自然环境

自然环境是指环绕于人类周围,能直接或间接影响人类生存和发展的一切天然形成的物质和能量的总体。如空气、水、土壤、阳光和各种矿物质、植物、微生物等。按其受到人类活动影响的大小分为次生环境和原生环境。

● 原生环境 原生环境指天然形成的并未受到人为活动影响或影响较小的自然环境。这种环境存在许多对健康有利的因素,人类可以从中获得适宜生存的正常化学组成的水、空气、土壤以及太阳辐射、微小气候等。但有些原生环境,由于各种原因也会对机体产生不利的影响。如有些地区水或土壤中的某些元素含量过多或过少,人群如果长期在该地区生活,会对健康产生不良影响,甚至会出现地区性的特异性疾病,成为生物地球化学性疾病。当今环境问题中第一环境问题即原生环境问题,主要是自然力作用下的各种自然灾害和地方性疾病。

● 次生环境　次生环境指在人类活动影响下,其中物质的交换、迁移和转化以及能量和信息的传递等都发生了重大变化的自然环境。所谓的"第二环境问题"指的就是次生环境问题,它是由于人类经济和社会活动等人为因素所导致环境污染和生态破坏,是当今需要研究和解决的重点环境问题。人类的活动如能维持环境中物质、能量的平衡,就会产生良好的影响。如不能维持物质、能量的平衡,就会使次生环境变得恶劣,给人类带来危害,如大量砍伐森林、占用耕地,大量排放废水、废气、废渣等,会使环境质量急剧恶化,对人类健康造成损害,引起公害事件和产生多种公害病。

2. 社会环境

社会环境是在自然环境基础上,人类通过长期有意识的社会劳动,加工和改造自然所创造的物质生产体系。其包括人类在生产、生活和社会活动过程中形成的生产关系、阶级关系和社会关系,间接影响人类的健康。社会环境对人类健康的重要作用,主要是由经济和社会发展水平或结构等因素引起的各种生活问题。

生活环境与健康有什么关系?

1. 空气污染与人体健康

空气是人类赖以生存的外界环境之一,它的物理化学性状对人体健康和疾病有明显的影响。

一般情况下,空气的各组成部分几乎是恒定的,氮、氧、氩占大气总量的 99.96%,氖、氦、氪、氙等的占比很少。空气的物理性状主要反映在太阳辐射、气象因素、空气离子化等方面,它们经常处于变动之中,作用于机体引起冷热感觉和体温调节的反应。机体的调节机制是有一定限度的,若超出一定范围就可引起健康损害。室外空气中的微生物主要来源于大陆和海洋,室内空气的微生物来源除了很小一部分随空气流入外,大部分来自于人和动物。空气中的微生物可通过尘埃、飞沫的形式传播。在一般情况下,空气中细菌总数取决于灰尘的多少,而病原体数则取决于飞沫传播的排菌者。

大气污染是指室外空气混入各种污染物,达到一定浓度,以致改变了原有空气的正常组成和性状,对居民的健康和生活造成直接或间接危害的空气状况。

● **污染源** 大气的污染源可分为自然和人为两大类。自然污染源是由于自然原因引起的,如火山爆发、森林火灾等。人为污染源是由于人们从事生产和生活活动而产生的污染,是经常性、普遍性的。人为污染源又可分为生产、生活和交通运输污染三类。

大气污染按其属性可分为化学性、物理性(噪声、电磁波)和生物性(空气传播的病原体)三类。其中化学污染种类最多,范围最大。化学性污染物可分为一次污染物和二次污染物。一次污染物是从各种污染源直接或间接排放到环境中的各种物质,如 SO_2、H_2S,CO,CO_2 等;二次污染物是指排入环境中的一次污染物在物理、化学因素或生物的作用下发生变化,或与环境中的其他物质发生反应所形成的物理、化学性状与一次污染物不同的新污染物,这类物质的毒性一般比一次污染物高,如醛类、过氧乙酰硝酸酯等。

● **大气污染对人体健康的危害** 当大气污染物的浓度在较短的时间内急剧增加,使周围人群直接吸入即可引起急性中毒。急性中毒的发生可由生产性事故、生活性污染或交通运输污染引起。此外,火灾引起的毒物释放、火山爆发时喷出的大量硫化氢以及战争中使用的化学武器等也会引起急性中毒。工业性污染事件一旦发生,危害非常严重。

长期吸入低浓度的大气污染物可引起机体慢性中毒或诱发感染,引起各种呼吸道炎症。如氟污染大气后可通过多种途径侵入机体,引起慢性氟中毒,其对儿童的影响尤为严重,可造成智力低下、发育不良。空气中 SO_2、NO_2、硫酸雾、硝酸雾、烟尘等污染物,直接刺激眼结膜及呼吸道黏膜，致使这些部位组织充血、发生炎症，甚至导致慢性阻塞性肺疾病。大气污染严重的地区，人群结膜炎的检出率高，机体免疫力下降。大气中的某些污染物还能使机体产生变态反应。

大气中的污染物如多环芳烃等有致突变性、致癌性，长期吸入可发生肿瘤，主要是肺癌。目前我国肺癌的发病率在世界居中等水平，上海、广州等大城市肺癌的发病率较高，流行病学调查表明，城市居民肺癌的死亡率高于郊区，郊区高于农村。

以上是大气污染对人体健康的直接危害，其间接危害：①影响微小气候和太阳辐射。大气污染物中的烟尘能促使云雾形成，从而吸收太阳的直射光或散射光，影响紫外线的生物学作用。例如火山爆发、大规模核试验等都能散发出大量的烟尘。在大气严重污染的地区，儿童佝偻病的发生率较高，通过空气传播的疾病容易流行。②形成酸雨影响农作物，危害水生系统，腐蚀建筑物、机械和市政设施。酸雨通常指 pH 小于 5.6 的大气降水，包括雨、雪、雹、雾等。酸雨的主要成分是硫酸、硝酸及其他盐类，我国酸雨中硫酸与硝酸之比是 10∶1。硫酸雾进入肺组织会引起肺组织炎症及肺水肿，对婴幼儿影响尤甚。③产生温室效应。大量燃料的燃烧，产生出大量的 CO_2 排入大气，加上大面积森林被砍伐而缺乏足够的植物来吸收 CO_2，使大气中的 CO_2 浓度上升，CO_2 能吸收长波热辐射，使气温上升，形成"温室效应"。其他如甲烷、氮氟烃、臭氧等也有保温作用。地球气温升高的结果导致南北极冰雪融化，海平面上升，病原体繁殖，例如致病菌、病毒、蠕虫、致病昆虫等大量繁殖生长，造成各种传染病、寄生虫病、生物源性地方病、食物中毒等发病率明显上升。

● 室内空气污染与人体健康　室内环境是人们接触最频繁、最密切的外部环境之一。

室内空气污染的主要来源：

◎ 身体排泄物流通入空气。通过呼出气体、大小便、汗液等排出的代谢废弃物。呼出气体中的主要成分是 CO_2，此外代谢废弃物中还有 CO、甲醇、乙醇、苯、甲苯、苯胺等有害气体以及外来物在体内的代谢产物。呼吸道传染病患者和带菌者会将病原体随飞沫喷出,污染室内空气。

◎ 室内燃料燃烧和烹调油烟。其主要污染物有碳氧化合物、含氧烃类、多环芳烃、硫氧化合物、金属氧化物、非金属氧化物及悬浮颗粒物。这些污染物会导致呼吸道疾病增多,甚至产生肺癌等。烟草燃烧后可产生 400 多种有毒物质,主要有芳香烃类化合物、一氧化碳、尼古丁、焦油等。

◎ 室内各种化工产品释放的有害物质。这些化工产品包括建筑材料、装饰材料、化妆品、黏合剂、空气消毒剂、杀虫剂等。这类产品由于原材料中含有某些有害物质或在加工过程中加入某些挥发性有毒物质。有些产品进入室内后可释放出有害物质,如黏合剂中的甲醛、油漆中的苯系物、大理石中的氡、冰箱空调中的氟利昂等。

室内空气污染对人体健康的影响主要有 5 个方面:

◎ 甲醛及其他挥发性有害物。甲醛无色、具有强烈刺激味,属于挥发性有机物,是室内主要污染物之一。新装修的室内甲醛浓度可高达 $0.87\ mg/m^3$。甲醛对室内活动者的健康影响主要是嗅到异味、刺激眼结膜和呼吸道黏膜、产生变态反应、免疫功能异常、损害肝脏、中枢神经系统受损,还可损伤细胞内的遗传物质。最明显的是嗅觉和刺激,敏感的部位是眼睛、咽喉、气管及支气管、皮肤等。主要引起红眼、眼痒、流泪、咽喉干燥发痒、打喷嚏、咳嗽、气喘、声音嘶哑、胸部发闷、皮肤干燥发痒、皮炎等。甲醛还能引起神经衰弱症状,如记忆力减退、瞌睡等,严重者可出现急性精神忧郁症。甲醛的长远影响主要表现在肺功能降低、遗传性精神忧郁症。遗传毒性研究显示,甲醛能抑制 DNA 损伤的修复、DNA 合成和转录,还能损伤染色体。动物实验表明甲醛能致癌,目前未见人群流行病学调查证据。

室内挥发性气体有机污染物中除甲醛外,还有苯、甲苯、二甲苯、三氯乙烯、三氯甲烷、萘、二异氰酸酯等。主要来源于各种溶剂、黏合剂等化工产品。挥发性有机物有臭味和刺激作用,可引起机体免疫功能失调；影响中枢神经系统的功能，出现头痛、嗜睡、无力、胸闷等自觉症状，还会影响消化系统功能，出现食欲不振、恶心，严重时可损伤肝脏和造血细胞，出现变态反应。苯作为溶剂和稀释剂用于住宅装潢、工艺品制作等方面，增加了人群接触苯的机会。苯不仅损害神经系统，而且是致癌物。

◎ 一氧化碳危害人体健康。一般情况下居室和公共场所的一氧化碳量含量很低，属于低水平暴露气体，但当室内燃气炉等装置发生故障，其浓度增高时可致急性中毒。当室内污染导致碳氧血红蛋白饱和度超过 2‰ 时，会影响心肺功能，加重心血管病人的症状。

◎ 流行病学调查显示，烹饪油烟是导致肺鳞癌和肺腺癌的危险因素。

◎ 军团菌病。军团菌病是由嗜肺军团菌引起的疾病。军团菌存在于天然淡水和人工管道水中，可通过淋浴喷头、各种喷雾设备等途径，随水雾进入室内空气中。军团菌通过呼吸道进入人体，在肺泡的巨噬细胞和血液的单核细胞内繁殖并受到保护，可在体内产生血清学反应，严重的可导致军团菌病。其表现类似肺炎，潜伏期一般为 2~10 天，先出现发热、不适、肌痛、头痛等，一天后出现肝脏、心脏、胃肠道、神经系统受损的症状。死亡率为 15%~20%。军团菌病常年均可发生，春秋季为高发期，可能与空调的使用有关。高龄、男性、吸烟者、糖尿病者易发。医院内由于使用空调系统较多及温热水供应系统普遍，所以医院中的人也可感染军团菌。

◎ 氡是一种惰性放射性气体，易扩散，能溶于水，极易溶于脂肪。室内氡一方面是由于房屋的地基土壤内含有镭，衰变后通过建筑物的缝隙、建筑材料接合处、管道入室部位的松动处、地下水管道的破损处逸入室内，另一方面来自含镭的建筑材料如石块、花岗岩、水泥等的衰变。氡及其子体对人体的主要危害是引起肺癌，潜伏期为 15~40 年。

● 大气污染的预防措施　大气污染的防治具有区域性、整体性和综合性的特点，其防护必须采取多方面的综合措施。

◎ 合理安排工业布局和城镇功能区。结合城镇规划,全面考虑工业的合理布局。

◎ 改革工艺措施,以减少或消除固定污染源的污染,同时采取一切有效措施减少或消除交通运输等流动污染源的污染。

◎ 加强植物净化。通过植物对大气污染物的阻挡、滤除、吸附、吸收等作用,改善大气质量。

◎ 执行大气卫生标准。大气卫生标准是大气中有害物质的法定最高限值。它是防止大气污染、保护居民健康、评估大气污染程度、制定大气防护措施的法定依据。目前当作空气污染指数的项目有总悬浮颗粒物、二氧化硫和氮氧化物。

>>> 温馨提示

新装修的房屋开窗通风一段时间后方可入住,以降低室内污染物对人体健康的危害。

2. 饮水卫生

水是维持生命的基本物质,也是日常生活中与我们息息相关的伙伴,我们必须意识到保护干净的水质是一件很重要的事情,否则就要付出相当大的代价才能再利用它、接近它。西方经济学者认为,人类经济活动中,将污水整治成饮用水的花费,仅次于最高昂的武器制造的花费。一般所称的"水污染",主要是指由于人为因素直接或间接地让污染物进入水体,造成水体物理、化学或生物特性的改变,以至于影响水体正常用途或危害公民健康及生活环境的现象。工业废水、生活污水、医院污水、农田水的径流,废物的堆放、掩埋和倾倒,其他船舶废水污染等均可成为水体污染的主要来源。

水污染源包括天然的污染源及人为的污染源。天然污染源一般是指暴雨径流冲刷屋顶、街道、坡地、沟渠等带下的污泥或有机物;人为的污染源则是由于人们各种活动而产生的。水污染又包括地下水的污染、河川污染及海洋污染等。

● 地下水污染　据估计全球的水有97%在海洋,冰川及冰河占2%,另外的1%是我们所能使用的,其中的95%来自地下水。一旦地下水被污染,必须投入庞大的金钱和较长的时间去改善。地下水污染的影响,不仅仅在于人们的卫生品质的安全、人体健康受到威胁、自然生态遭受破坏,而且将阻滞国家经济、社会、工业等的平衡发展,其损失相当惨重。

● 海洋污染　海洋面积约占地球表面积的四分之三,在未来人类的食物来源中,海洋生物资源占有相当重要的地位。侵害海水的污染来源主要如下:①陆地上的污染。陆地上人类生活的废弃物,农业、工业生产过程中排放的废料,经沟渠、河川注入海洋。②船舶的污染。海上运输工具所载运的油料泄漏,或污水倾倒注入海洋,核能动力船舶,辐射物质外泄进入海洋等。③倾倒废弃物的污染。人类将工业的污染废弃物,或其他污染性物质,运至海洋中倾倒而形成的污染。④大气的污染。从事核爆试验所产生的辐射尘,透过大气进入海洋而造成的污染。⑤海床探测与开采的污染。从事大陆礁层或海床的探测及开采时,因处置不当或设备不良,意外致使油、天然气、泥浆外泄,或进行采矿时产生大量的微粒物质、泥浆,都会造成海洋污染。

海域被污染时,将会影响生物的生态平衡,影响鱼类的生长与繁殖,造成水产资源的严重损失。倾倒于海域的废弃物,若含有放射性物质或重金属,这些具有毒性或累积性的物质,会蓄积在水生物体内,使食用者中毒,造成急性或慢性病变。

● 饮用水的卫生要求

◎ 保证流行病学安全,即要求生活饮用水不含有病原体,以防止介水传染病的发生和传播。

◎ 水中所含有的化学物质及放射性物质不得对人体健康产生危害,即要求水中的化学物质及放射性物质不引起急性或慢性中毒及潜在的远期危害(致癌、致畸、致突变作用)。

◎ 水的感官性良好,即要求饮水透明、无色、无臭、无异味。

◎ 水量充足、使用方便,水量应能满足城镇或居民点用水的需求,并应考虑到长期的发展。

● 饮用水的卫生评价　为了满足饮用水的要求,需对饮用水状况进行评价,主要包括以下三方面内容:

◎ 流行病学调查,搜集用水地区居民中介水传染病及其他与水有关疾病的流行情况资料,了解居民对饮水的意见与要求。

◎ 水源环境卫生学调查,对水源周围的卫生条件进行详细调查了解,尤其是取水点周围卫生防护措施的执行情况。

◎ 水质检查,定期测验水源水及出厂水水质,发现问题及时解决。

>>> 相关链接

> 为了符合饮用水的卫生要求,水源水经过适当选择并经过必要的卫生处理后,必须符合《生活饮用水水质卫生规范》的要求,才能供饮用。我国于2001年9月起实施由卫生部颁发的《生活饮用水水质卫生规范》中规定的34项水质常规检验项目和62项水质非常规检验项目,主要包括感官性状和一般化学指标、毒理学指标。一般化学指标主要有pH、总硬度、铜、锌、挥发性酚、阴离子洗涤剂、硫酸盐、氯化物及溶解性固体等;毒理学指标主要有氟化物、氰化物、砷、硒、汞、铝、铅、硝酸盐、氯仿、四氯化碳、细菌学指标、放射性指标等。

3. 地质环境和土壤卫生

● 地质环境与疾病　在地球地质历史发展过程中,逐渐形成了地壳表面元素分布的不均一性,使得一些地区的水和土壤中某些化学元素过多、不足或比例失常。由于元素分布不均而造成的当地动物、植物及人群发生的特有的疾病,称为生物地球化学性疾病或化学性地方病。在与生命活动关系密切的近30种元素中,已明确能引起动物及人类生物地球化学性疾病的有10余种,如碘、砷、硒、汞、铝、铅、硝酸盐等。我国常见的化学性地方病是碘缺乏病和地方性氟病,部分地区有地方性砷中毒。另外,克山病、大骨节病等病因尚未明确,但都有明显的地区性,也被列入地方病的范围。

要防治化学性地方病,应根据不同病区采取相应的预防措施。如饮水氟中毒地区主要改用低氟水源。如属煤烟性病区,应不用或少用高氟劣质煤,采用降氟节煤炉灶,改善排煤措施等,并减少食物的氟污染。

地方性氟中毒病区居民应注意:少饮茶水,忌用含氟牙膏,免用含氟药物,特别是氟骨症病人应尽量不用。改善膳食结构,增加抗氟、排氟物质的摄入量,多食高蛋白、蔬菜、水果等营养丰富的食物,特别对妊娠妇女、儿童及体质差者更为重要。病区居民定期体检,以便早期发现。

● 土壤污染与疾病 土壤是人类生活环境的基本因素之一,是生物圈的重要组成部分。土壤是指地球陆地表面的疏松部分,由岩石风化和生物作用形成,是由矿物质、有机物、水分和空气等组成的复杂综合体,人类衣、食、住、行都直接或间接地与土壤密切相关。土壤是一切废弃物的容纳场所,它们在土壤中经过复杂的生物转化和迁移,最终被矿化而成为土壤的组成部分。土壤的结构和性状,能影响微小气候,改变大气的成分。土壤中的元素,可通过水、食物和空气进入人体,从而影响人和动物的正常生理功能。人畜粪便是造成土壤被致病性微生物和寄生虫污染的主要因素。因而,保持土壤良好的卫生状态具有重要的意义。

土壤污染对人体健康的危害分为生物性和化学性两类。生物性污染的危害是指人体排出的含有病原体或寄生虫卵的粪便污染了土壤,通过直接接触或污染食物、饮水,经口进入人体,可引起肠道传染病和寄生虫病的发生;化学性污染的危害是指土壤受化学性污染物污染后,通过农作物和水进入人体造成损害,特别是镉、铬和铅等金属和农药污染土壤后,在土壤中可残留很长时间,会对居民健康造成各种危害,如镉污染可引起慢性镉中毒,导致肾功能障碍、痛痛病(该病是镉中毒引起,因患者终日喊痛不止而得名)等。

土壤的卫生防护原则如下:

◎ 工业废渣、污水处理:工业废渣中含有难以降解的重金属毒物,主要来自燃料废渣和冶金、化学、石油化工等工业,如铬渣、含氰废渣、冶金产生的含汞、镉、砷的废渣等。对有毒污染物的工业废水,必须有效地回收、净化后才可排放;医院污水应专门消毒处理。若利用污水灌溉,应符合我国《农田灌溉用水水质标准》,防止对土壤、水源及农作物的污染。

◎ 垃圾无害化处理:生活垃圾要经过有效的无害化处理才能排放利用。

◎ 粪便无害化处理:人畜粪便的无害化处理,是控制肠道传染病、增加农业肥料、改善土壤的重要措施,利用堆肥、发酵、沼气等多种方法,以杀灭粪便中的寄生虫卵和致病微生物,消除传染疾病的危险性,并保持肥料价值。

◎ 合理措施:对毒性大并在土壤中残留期长的农药、化肥,应控制使用范围和用量,同时大力研发高效、低毒、低残留的新品种农药和化肥。

4. 噪声与健康

声音与噪声物体(振动源)振动的振动能量在弹性介质中以波的形式向外传播,传到人耳引起的音响感觉成为声音。振动源周期性振动所产生的声音为乐音,不规则、非周期性振动所产生的声音为噪声。从卫生学角度讲,凡是使人感到厌烦或不需要的声音都为噪声。

噪声对人体的危害是全身性的,可引起听觉系统损害,也可对心血管系统、神经系统等非听觉系统产生不良影响,其早期多属生理性改变,长期接触较强噪声可引起病理性改变。听觉器官不良影响包括:头痛、头晕、心悸、睡眠障碍和全身乏力,以及记忆力减退和情绪不稳等症状;心率加快或减慢,血压不稳(长期接触噪声以血压升高为多见)以及心电图 ST 段或 T 波缺血性改变等胃肠功能改变,免疫力降低,脂质代谢紊乱以及女性机能紊乱等。

> **温馨提示**
>
> 关于噪声的相关标准：
>
> (1)《中华人民共和国城市区域噪声标准》中明确规定了城市五类区域的环境噪声最高限值：①疗养区、高级别墅区、高级宾馆区，昼间50dB、夜间40dB；②以居住、文教机关为主的区域，昼间55dB、夜间45dB；③居住、商业、工业混杂区，昼间60dB、夜间50dB；④工业区，昼间65dB、夜间55dB；⑤城市中的道路交通干线道路、内河航道、铁路主次干线两侧区域，昼间70dB、夜间55dB（夜间指22时到次日晨6时）。
>
> (2) 国家《城市区域环境噪声测量方法》中第5条4款规定，在室内进行噪声测试时，室内噪声限值低于所在区域标准值10dB。
>
> (3) 我国1980年1月开始实行的《工业企业噪声卫生标准》(试行)，该标准规定工人工作地点噪声容许标准为85dB，但最高不得超过115dB。

5. 环境激素

目前自然界中不断发生重大的异常现象，例如：丧失生殖能力的生物种类不断增加。在人类身上，也明显出现精子减少等异常现象。研究发现，无论何种异常，都是特定化学物质对激素造成影响所带来的后果。这些外来的化学物质，进入人体发挥类似激素的作用，与细胞受体结合，结合之后启动细胞的特定程序，引起一连串的细胞变化。由于环境激素不是真正的激素，它只是欺骗了细胞受体，扰乱了真正激素的作用与平衡，对人体的影响极为深远。因为是人为制造的物质，所以将这种化学物质称为"环境激素"，学名是内分泌干扰物。

● 这种化学物质的种类很多，目前公认的危险性较高的主要有①戴奥辛，慢性毒，长期在戴奥辛环境中，会导致病变或异常，主要从食物摄取中，具脂溶性，高脂肪食物如鱼、肉类和牛乳为最可能的途径；②塑胶，热可塑性的塑胶大部分在加热后，会从原料或添加剂中溶出化学物质;③杀虫剂,以DDT(双对氯苯基三氯乙烷)为代表,DDT在人体内具有高残留性,残留在母乳中可经浓缩后传给婴儿;④杀菌剂,这种物质具有高度的致癌和致畸的危险性;⑤除草剂,除草剂中最具代表性的是PCP(五氯酚),可引起制造业工人中毒或受害,也可严重地污染土壤和水源;⑥重金属化合物,会导致生殖功能减弱,如胎儿性水俣病。

● 环境激素的主要危害如下

◎ 生殖功能的异常:这是目前发现的最严重的危害,其严重性可能会导致种族灭绝。在日本发现田螺的性别错乱,在美国发现鸟类不孕或蛋壳变薄无法孵化,或易破裂等生殖功能障碍。

◎ 激素的制造能力减弱:例如,男性人工激素药剂是与男性激素相似的合成激素,不但会引起男性激素过剩,还会给机体传递"已不需要再合成男性激素"的信息,导致机体激素合成能力下降,进而带来生成精子功能减弱、精子数减少等问题。这就是所谓的"扰乱"作用。

◎ 降低抗癌能力和免疫力:例如,生长激素作用的胰岛素增殖因子一旦增加,容易导致性早熟或引发乳癌;与雌激素相似的化学物质进入体内,使性激素被扰乱,并波及肾上腺皮质激素,造成免疫力下降,这是因为肾上腺皮质除了提供合成雌激素等性激素的原料之外,还能合成与对抗身心压力、提高免疫力有关的激素。

● 降低日常生活中环境激素风险的方法

◎ 干洗衣物:不要急着把干洗衣物挂回衣橱,最好放在户外通风处,减少衣物上残留的化学物质。

◎ 家具、装潢建材:装潢期间若是通风不佳,会累积高浓度甲醛,住家通风越好,室内甲醛越不易累积;新地板中含有甲醛、苯乙烯等有害化学物质。

◎ 碗装泡面容器:厂商在这种容器中添加酸化防止剂BHT作为安定剂,BHT是致癌物质之一,会引起肝脏肥大、染色体异常和降低繁殖概率,应减少使用。

◎ 塑胶玩具、奶瓶、保鲜膜：添加了可塑剂的柔软材质，应避免儿童放入口中，可塑剂中溶解出的有害物质，可使男性精子减少及导致女性乳癌；还应注意不要把塑胶容器放进微波炉中加热，加热食物上也不要覆盖保鲜膜。

◎ 洗衣液、洗洁精或浴厕用清洁剂：注意成分标示是否为"非离子表面活性剂"，这种物质排入水中会产生壬基苯酚，其结构近似雌性激素，会降低人体对男性激素的代谢，对男性生殖造成威胁。

◎ 老旧住宅的自来水铅管：婴儿食用过多的铅会导致智力低下，应避免使用热水管的水冲泡奶粉。

◎ 陶制品：需确定通过含铅量测试，摄取足够的铁质和钙质可避免铅被吸入体内。

◎ 油漆颜料：含有300种以上的有毒化学物，其中一半以上是潜在致癌物，如水性颜料中含有汞，剥落油漆中含有铅。

◎ 免洗筷：残留许多二氧化硫，二氧化硫与口水接触后，可能产生亚硫酸盐等物质，已被推断是引发气喘的原因之一。

◎ 免洗餐具：免洗餐具耐热程度只能维持在一定范围，若超过此温度，会释放出苯乙烯等环境激素。

结　论

水污染、空气污染、垃圾污染等环境问题，不仅影响我们的健康和生活品质，而且严重地影响着与我们共同生活的动植物。环境跟人体健康的关系就像照镜子一样，水、空气、食物、自然生态越恶化，生活在这一环境中的居民的健康状况也会越差。越来越多向城市集中的人，制造的各种环境污染，已经成为人类的健康隐患。为了提高自己及后代的生活质量，还有与我们共同生活在同一个地球上的万物，我们不能只顾赚钱和享受科技带来的便利，还要了解我们所生活的环境及目前所面临的问题，更要尽其所能地减少、避免破坏,并共同建立和维护一个健康的生活环境。

四、社会因素与健康

社会因素是指社会的各项构成要素,环境包括环境、人口和文明程度等。包括两个方面:自然环境和社会环境。社会环境包括经济发展、文化教育、风俗习惯、家庭、社区、卫生服务等因素。社会因素影响人群健康主要是通过心理感受这个中心环节发生作用。

经济发展与健康有什么关系?

影响人类健康的诸多因素中,社会经济因素往往起着主导作用。社会经济因素通过与人类健康有关的社会因素,如工作条件、生活条件、营养状况、卫生服务等影响人群的健康,反之,人类健康水平的提高,又能促进社会经济发展。

随着世界经济迅速发展,人们的工作、生活条件得到改善,营养水平提高,用于教育和医疗保健的投入增加,人类健康状况有很大改善,平均寿命显著增长。目前发展中国家与发达国家的疾病类型和死因有明显差异,其主要原因是经济发展水平不同。前者健康问题主要表现为"贫困型",即生活贫困、营养不良、卫生设施不足、缺乏教育,主要死亡原因是传染病和呼吸系统疾病。经济落后国家5岁以下儿童70%~90%的死亡归因于传染病和营养不良。经济发达国家人群主要死亡原因则是癌症和心血管疾病。不同的经济水平也是造成不同国家和地区居民健康水平不同的主要因素。

文化教育与健康有什么关系?

"文化"是指社会物质财富和精神财富的总和。人类生产活动的一切产物(如新的发明、新产品等)属于物质文化,人类智慧(如语言、文字、观念、艺术等)属于精神文化。一个国家或地区的发达程度通常用精神文明和物质文明来衡量。文化的历史性、现实性、渗透性和继承性决定了它对健康影响的广泛性和持久性。教育是指人的社会化过程和手段。他不仅包括学校教育,而且包括社会、家庭、自我(学习)教育,教育能够规范人的行为与职能。

文化水平较高的人群能够接受健康教育,懂得个人卫生保健,能自觉地养成良好的卫生习惯和有益于健康的科学的生活方式,健康水平较高;文化水平较低的人群卫生知识匮乏,缺乏个人卫生保健能力,难以养成健康的生活方式,因而健康水平较低。另外,文化程度还可能与心理状态有关,文化程度较低者,常表现为对社会环境适应性差。

风俗习惯与健康有什么关系?

"风俗习惯"是人们在长期共同生活中约定俗成的,为某一地区或民族遵循的行为规范。风俗习惯属于传统文化,越是古老的生活形态,风俗习惯的作用就越强烈。风俗习惯呈现一定的地域性和继承性,与人的日常生活联系极为密切,贯穿于人们的衣、食、住、行等诸多环节,故可以直接或间接地影响人的健康状况。风俗习惯对健康的影响有的是有益的,有的是有害的。如我国自宋代起就有春节前大扫除、端午节采集艾叶和菖蒲驱蚊虫等习俗,对讲究卫生、防病治病有积极意义。我国河南省林县是国内食管癌高发地区之一,研究发现,此现象可能与当地居民的饮食习惯有关,当地居民喜欢食用含有高浓度硝酸盐、亚硝酸盐和亚硝胺的酸菜,而这些化学物质有致癌作用。总之,风俗习惯是一种复杂的社会现象,精华与糟粕交互存在。对身心健康有利的应发扬,对身心健康不利的应改变或摒弃。

家庭与健康有什么关系?

● 家庭 家庭是构成社会的基本单位,是以婚姻和血缘关系为基础的。目前常见的家庭有三种:

◎ 核心家庭，即一对夫妇及其未婚子女组成的家庭。这种家庭仅有两代人，只有一个权力中心，关系较为简单。仅一对夫妇无子女家庭、一对夫妇和领养子女组成的家庭、父母中某一方与未婚子女组成的家庭也可归入此种家庭类型。

◎ 扩展家庭，即由两个或更多的住在一起的核心家庭组成，可以分为主干家庭和联合家庭两种。主干家庭是由父母和一对已婚子女共同组成的家庭，是扩展家庭的最典型形式，除有一个主要权力中心外，还有一个次要的权力中心，关系比核心家庭复杂；联合家庭是有一对夫妇（或一方）与两对及两对以上的已婚子女和未婚子女组成的家庭，我国传统的几世同堂家庭就属于这种家庭，这种家庭可能有多个权力中心，关系复杂，松散而不稳定。

◎ 异常家庭，指守寡独居家庭、未婚同居家庭、群居家庭或同性恋家庭。

● **影响健康的家庭因素** 幸福健康的家庭是社会安定的必要条件，也是保证家庭成员身心健康的重要环境。

家庭结构、家庭功能、家庭成员问题及关系正常与否都是影响健康的重要因素，丧偶、离婚使家庭结构破坏对健康的影响最大。相关研究表明，多种疾病的死亡率，不论男性、女性，都是丧偶者比婚姻状况良好者高。离婚不仅影响离婚夫妇双方的健康，还严重影响子女的身心健康，离婚容易造成子女心灵创伤，导致人格缺陷。对于病人，和睦家庭是最好的修养场所，在家里受到物质上和精神上的各种支持，对于病人战胜疾病、减少对医院的依赖和及早恢复健康有着极为重要的意义。

● **高危家庭** 家庭结构破坏、功能失调、人际关系紧张等因素均可影响家庭中每位成员的身心健康，往往把这种家庭称为高危家庭。

具有以下任何一个标志的家庭即为高危家庭：

◎ 单亲家庭；

◎ 吸毒、酗酒者家庭；

◎ 精神病患者家庭；

◎ 功能失调，濒于崩溃的家庭；

◎ 受社会歧视的家庭。

社区与健康有什么关系？

社区是若干社会群体（家庭、氏族）或社会组织（机关、团体）聚集在某一地域所形成的一个生活上相互关联的集体。同一个社区的大部分人具有共同的地理环境、文化习俗、生活方式，也具有共同的信念、利益、问题和需求，人们通过一系列的相互作用而使自己的许多需要得到满足，由此获得一种归属感和认同感。

社区对于人的社会化身心健康有着明显的作用和影响，其影响有特殊性和复杂性。在维护社会人群健康时，应立足于社区，根据社区中人口、经济条件、生态环境、组织结构等特点，利用社区资源，实施以预防为导向的基层医疗，为社区居民提供连续性、综合性、协调性的社区卫生服务。

卫生服务与健康有什么关系？

卫生服务是社会因素中直接与健康有关的重要因素，包括预防、医疗、护理和康复等服务，以满足人们对健康的需求。医疗技术水平低、医疗机构管理不善、过多的漏诊误诊、卫生技术人员不足、初级卫生保健不健全、卫生资源分配不合理、重治轻防的错误观念及医疗服务人员言行不当等都不利于健康，甚至有损健康。

卫生服务对人类健康的影响可包括宏观和微观两方面，宏观影响是指与卫生服务有关的因素，如卫生政策、卫生服务机构、卫生服务人员的数量、卫生经费的投入及卫生资源的分配等因素，对一定区域人群健康的影响。微观影响是指与卫生服务有关的具体服务措施对接受服务的人（病人或健康人）和提供服务的人（医护防疫人员等）健康的影响，如在医疗卫生工作者的诊治和预防疾病过程中，由于医护人员各种言行措施不当而造成不利于患者身心健康的医源性疾病,这类疾病既影响接受卫生服务者(病人或健康者),也影响医疗卫生工作者,医源性感染、药源性疾病、医疗因素所致营养不良、医务人员的职业病等都属于这类疾病。

五、心理行为因素与健康

喜怒哀乐与压力人人都有,如果您常常觉得情绪低落、整天愁苦烦忧或是食欲不振、心悸无力……您可能已经被"不良的情绪"与"沉重的压力"侵袭。它们不仅在逐渐侵蚀您的心理健康,也在影响您的身体健康,严重的话,还可能造成无法弥补的遗憾——自杀!因此,不能小看您的生气,也不能逃避您的压力,积极地创造"好心情"、主动地为自己"减压",是营造"健康身心"的第一步,也是促进身体健康的积极方法。

心理因素与健康有什么关系?

心理是客观事物及它们之间的联系在人脑的反映。人的心理受到教育程度、文化修养、经济收入、人际关系、工作环境、生活方式及宗教信仰等很多社会因素的影响,因此这些社会因素也称社会心理因素。如人的个性特征、心理活动过程及影响因素都属于社会心理因素。

1. 个性特征与健康

个性特征是指一个人的能力、兴趣、爱好、习惯、性格等心理特征的总和。人的生活环境、受教育的程度、所从事的工作都会影响个性特征的形成,每个人的心理活动总会带有个人特征,而且个性特征一旦形成就很难改变。

研究表明,具有健全人格的人能力强、智商高,能正确认知、处理各种事物,情绪稳定且乐观,意志坚强,能搞好各种人际关系,适应不同的社会环境,有利于健康。相反地,各种人格不健全的人,都不同程度地有各种心理疾病和身体疾病,比如强迫性神经症的人格基础等。有人对确诊为精神分裂症病人的前期心理特征进行调查,发现40%的病人属于忧郁型气质。流行病学调查发现,A型性格者(具有争强好胜、时间紧迫感、急躁、敌意四大特征)是冠心病的主要发病人群。

2. 情绪与焦虑

情绪是基本的心理过程之一,与健康的关系密切。它是通过神经系统、内分泌系统和免疫系统的生理反应对健康产生影响的。其包括两个方面:一是疾病发作或复发的诱发因素,二是直接作为致病因素或疾病促发因素。容易引起疾病的情绪有焦虑、恐惧、抑郁等。

3. 影响健康的心理因素

现实生活中有许多心理因素会让人产生紧张感,甚至引起身习疾病,常见的如下:

● 生活事件　在导致心理平衡失调的事件中,有消极的,如配偶死亡、子女离家、退休、被解雇、纠纷、夫妻不和等;也有积极的,如结婚、升学、毕业等。这些因素对人们产生的刺激,如果超过心理承受能力,就会导致疾病。

● 生活挫折　挫折对人们的影响有利也有弊。一方面,挫折使人的认知能力产生创造性变化,提高解决问题和应急的能力;另一方面,挫折太大或超过人的耐受力或不能被正确对待时,就能引起焦虑、抑郁、愤怒等不良情绪,导致行为出现偏差,引起躯体或精神疾病。比如,孕妇的心里紧张和抑郁与早产和胎儿体重偏轻有关。癌症发生之前,大多数病人有过焦虑、抑郁等心理过程。

● 不良人际关系　人际关系紧张会使人产生不愉快的情绪体验,如愤怒、抑郁、忧伤、孤立等心境,影响健康,严重的可导致身体疾病。

● 工作紧张　工作紧张对人体身心健康的影响在现代生活中居于很突出的地位,在管理者和科技人员中表现得尤其明显。

● 现代化城市生活　城市人口高度集中、生活紧张忙碌、交通居住拥挤、社会关系复杂等,都是对健康不利的因素,适当参加野外活动对健康有利。

如何进行健康的身心情绪管理与压力?

不良情绪和压力的不断累积会给人的心理带来难以承受的负荷,成为身体疾病的诱发因素,对情绪进行适当的管理、掌握一些分解压力的诀窍,是保持健康的有效方式。

1. 情绪管理

● 有情绪是可怕的吗?

"我现在很生气,不要惹我!""她在闹情绪,离她远一点!"……你我都有过这种经验。不管是谁在闹情绪,都不是什么好事情。但情绪真的可怕吗?

凡人都有七情六欲,喜、怒、哀、乐、爱、恶、欲是心情的正常抒发和行为表现,因此,有情绪是不可怕的,好的情绪如快乐,可以促进生理健康、心情愉快,增进人际关系。可怕的是放纵自己的"坏情绪",让我们生病、悲观、失去希望……然而,坏情绪也不是都有害的,人都有七情六欲,常言道"人生不如意事十之八九",当生活中的不如意环绕我们的时候,正是考验我们毅力的时候,也是让我们发挥情绪管理能力的时候。

这样看来,有情绪非但不可怕,还是我们生活的动力。

● 情绪是什么?

简言之,情绪就是人的喜、怒、哀、乐、爱、恶、忧、惧等心理状况,是对生活中事物的主观感受。心理学家尝试对情绪的产生从心理、生理和行为等方面加以界定,大致认为情绪是我们受到某些刺激后或在特定情况下,所体验到的各种不同的感觉,经过我们的认知评估来判断其性质与强度:凡是对我们有利的,就会产生正向的情绪反应,如爱、快乐、兴奋、幸福等;反之,若违背自己意愿的,就会引起负向的情绪反应,如恐惧、悲伤、生气、忧郁等。情绪可让人体的生理适应处在警觉状态,可引起自主神经功能的变化,如:生气可使血压上升、心跳加快、口干舌燥;引起的行为变化通常是目标导向的变化,如趋(快乐时)、避(痛苦时)以及适应等。

● 生气了要压抑吗?

生气是负向情绪反应,除了让心情不好外,还会影响身体健康,伴随忧伤、焦虑、恐惧,甚至对别人有敌意等,是我们应尽量避免的情绪。但是,生气却是非常普遍的情绪体验。虽然它不是好的情绪体验,但事出有因,生气时不要压抑,不要逃避,可以尝试以下方法:①催眠自己:生气的感觉是正常的,生气是一时的,会过去的。②适当宣泄怒气:暂时离开现场,喝杯水,呼吸一下新鲜空气,适度地发泄,如把自己的愤怒说出来、找人聊聊、运动一下等。③仔细思考生气里隐含的内在信息:想一下,这生气透露着什么信息呢,"我错了""别人错了""不公平"……如果生气里隐含的信息告诉你是"我错了",就勇于认错,认错能释放情绪负担;如果错在别人,那就更不需要因别人的过错而生气。经过反省,可以让自己更了解自己,也可以让别人更了解你。

● 健康的情绪管理　综上所述,不管是正面还是负面的情绪都是个体身、心、行为的正常表达。正面的情绪固然受到欢迎,但负面的情绪也不需要排斥,这样才能觉察并接纳自己真正的情绪,营造健康的心理。以下介绍一些简单的情绪管理方法:

◎ 适当地表达情绪:情绪是个体的主观感受,当然要由"自己"选择具体的方式、合适的时机,去适当地表达,千万不要通过第三者去实现自己的表达。

◎ 适当地抒发情绪:寻找情绪宣泄的空间,建设性地运用情绪,如好心情与好朋友分享,坏心情也要找人倾诉,建立有效的支持网络(家人、朋友、社会),参与正常的休闲活动。

◎ 培养乐观、自信、坦然的性格:勇敢面对问题、学会解决问题。

◎ 培养幽默感:幽默是最受欢迎的情绪,"一笑解千愁",笑可以使人的生理激发状态回归到自然水平,因此,幽默有助于营造正向情绪。

2. 压力调适

● 压力 "压力很大"这是我们常常听见的话,但什么是压力呢?简单地说,压力就是个体对环境或其他压力源的感受、解释与评价。根据"互动模式",压力的产生即以个体为中介,在外来刺激与反应之间,以其认知评估刺激(压力源)是否对自身产生威胁而做出的反应,因此,是不是有压力取决于个人的感受,同样的一件事对 A 个体可能没有任何的紧张或威胁感,而对于 B 个体可能就是极度不安。甚至同样的压力源对个体造成的反应也会因时空的不同而有所不同。如是否为学生,对考试所感受到的紧张程度不同;同样是学生,不同的个体对考试也会有不同的反应。概括地说,压力是个体对环境中的紧张、冲突、急迫以及其他刺激所做的身体、精神与情绪的反应。

● 压力来源
既然压力是个体对压力源的知觉,那么压力源在哪里呢?其实,生活中充满了压力源,我们日常生活琐事及人类大事都可以成为压力源。

◎ 社会事件,如污染、垃圾、犯罪、物价波动、股市震荡、流行病、选举等议题,都是都市化接踵而至的压力源,从核能发电站、焚化炉的设置,到诈骗、抢劫,乃至 SARS 或禽流感的蔓延,甚至政治选举的白热化,都会增添整个社会的压力气氛,使人喘不过气来。

◎ 自然灾害,如地震、海啸、水灾、火灾、火山爆发等等,都使我们恐惧、害怕、哀伤……这种创伤后的压力,可能造成个人情绪崩溃。

◎ 生活改变,指个人日常生活秩序发生重大改变。因为这种改变可能引起身心的过度紧张,因而可能引起焦虑、忧郁等不良情绪,如爱人结婚新郎(娘)不是我、搬家、离婚、失业、换工作、退休等,常见的症状如紧张、不安、头晕、心跳不规律、无法放松、不正常的饮食习惯、喘不过气来等;令人兴奋的事也可能带来压力,如中头彩、高升、金榜题名等。

◎ 生活琐事，一般生活中的琐事是指生活中必然会遇到但不是重大的事件，如购物、柴米油盐、环境问题(垃圾、噪声、交通)以及课业或工作上的问题等等，虽然其不足以构成危害，但日积月累的结果也会伤害个体的身心健康。

● 压力反应　压力源经过认知评价，对个体会产生哪些反应呢？

◎ 生理反应：短暂压力引起身体发生紧张性反应，肝脏释放更多的葡萄糖来为全身增加的肌肉活动提供所需能量；下丘脑、腺垂体迅速分泌激素，将身体多余的脂肪和蛋白质转化为糖；身体的新陈代谢加速，以备体能消耗之需，此时心跳加快、血压升高、呼吸加速以吸入更多的氧气。但是在长期压力下，机体会产生"一般适应症候群"，经历三个阶段：一是警报阶段，肾上腺分泌加速；二是抵抗阶段，尽力抵抗，但是渐渐敌不过压力源；三是衰竭阶段，个体对压力源的抵抗力消耗殆尽。

◎ 心理反应：因压力产生的心理反应多属于负面的情绪反应，如恐惧、焦虑、冷漠、忧郁、崩溃等等。

◎ 行为反应：在行为上的压力反应包括疲倦、抽烟、喝酒、攻击、失眠、饮食习惯异常(厌食、无食欲、大吃大喝)、自残甚至自杀。

● 压力与绩效　上述可见，压力可以引起身、心、行为的反应，在适当的压力下，自主神经的作用会使个体有活力，提高工作效率，使生活舒适愉快；反之，当压力过大时，将使身体机能来不及补充而损伤身心健康，引起工作绩效差、心情郁闷。倘若压力过小，激素的分泌不够活跃，也会使人感到慵懒、无趣，造成工作绩效差。可见，适度的压力可以提高个体的生活质量。

● 压力调适　营造适度的压力，是我们打开优质生活大门的钥匙，其前提是避免不良压力。现将心理学家在这方面的研究结论概述如下：

◎ 做好生活管理：这是应对压力的最基本的做法，个体应该均衡饮食、适度运动、合宜休息和良好休闲，避免抽烟、酗酒。

◎ 做好时间管理：评估可利用的时间，确定先后顺序，尽量减少时间紧迫感，让时间压力变成适度压力，提高工作效率。

◎ 改变你的A型性格：A型性格是最容易受压力侵袭的性格，其特点是急性子、求胜心切、讲究效率、急功近利。如果你是这种性格特质，记得随时停下手边的事，喘口气、喝口茶、找人聊聊、休闲娱乐一下……压力自然会减轻许多。

◎ 学习放松：静坐、气功、冥想、舞蹈、音乐、运动、休闲都是很好的放松方法，是减轻压力的有效利器。

>>> 温馨提示

情绪的表达应是健康而且正常的抒发，也可以将压力变成有利因素，只要它是适度的，这就是我们要学习情绪管理和压力调适的原因。在一些心理学知识或心理咨询的网站上，我们可以了解到更多方法，从中找到适合自己的方法。

第四章

亚健康人群的健康管理

亚健康是对个人健康状况的一种描述。个体是不是处于亚健康状态呢？现在还没有明确的医学指标来诊断，因此很容易被人们忽视。但亚健康状态常常呈现出发展成某些疾病的倾向，潜伏着向某病发展的高度可能。如果这种状态不能得到及时调解，非常容易引起身心疾病，所以对此我们要高度警惕。

一、亚健康概述

什么是亚健康？

1. 亚健康的定义

按照医学界的说法，亚健康是"介于健康与疾病之间的一种生理功能低下的状态"，实际上就是我们常说的"慢性疲劳综合征"。人们习惯上把健康称作第一种状态，患病称为第二种状态，而把这种非患病、非健康的中间状态称为"第三状态"，也称灰色状态。目前认定，亚健康状态的范围很广，身体上、心理上的不适应感觉，在相当长时期内难以确诊是哪种疾病，均可概括其中。从预防医学、临床医学,尤其是精神及心理医学的临床实际工作中发现,处于这种状态的人是相当多的。衰老、疲劳综合征、神经衰弱、更年期综合征及重病、慢性病的恢复期,均属于"亚健康"状态范畴。

2. 亚健康的原因

"亚健康"状态产生的主要原因是人体脏器功能下降,总主观感觉身体和精神不适,如疲乏无力、情绪不宁、头疼失眠、胸闷等,但各种仪器和生化检查对其都很难确诊。"亚健康"状态极有可能发展成多种疾病。现已有因为亚健康而引发猝死、过劳死等病症的报道。

3. 亚健康的临床表现

因为亚健康临床表现复杂多样,现在国际上还没有一个具体的标准化诊断参数。

进入亚健康状态的人主要表现有失眠或睡眠障碍、心理疲劳、时差综合征、神经衰弱、焦虑抑郁、浑身无力、容易疲劳、头脑不清爽、思想涣散、头痛、面部疼痛、眼睛疲劳、视力下降、性功能障碍、鼻塞眩晕、起立时眼前发黑、耳鸣、咽喉异物感、胸闷不适、颈肩僵硬、早晨起床有不快感、手足发凉、手掌发黏、便秘、心悸气短、手足麻木感、容易晕车、坐立不安、心烦意乱等。

一般来说,亚健康状态由 4 大要素构成:排除疾病原因的疲劳和虚弱状态,介于健康与疾病之间的中间状态或疾病前状态,在生理、心理、社会适应能力和道德上的欠完美状态,以及与年龄不相称的组织结构和生理功能的衰退状态。这种状态,尤其是在经济发达、工作生活节奏快、竞争激烈的国家或地区中容易发生。目前它已经成为危害人群健康的大敌,因而成为国际上医学研究的热点之一。

> **温馨提示**

【传统医学中的"亚健康"】
1. 精神紧张,焦虑不安　　2. 孤独自卑,忧郁苦闷
3. 注意分散,思考肤浅　　4. 容易激动,无事自烦
5. 记忆闭塞,熟人忘名　　6. 兴趣变淡,欲望骤减
7. 懒于交往,情绪低落　　8. 易感疲劳,眼易疲倦
9. 精力下降,动作迟缓　　10. 头昏脑涨,不易复原
11. 久站头晕,眼花目眩　　12. 肢体松软,力不从愿
13. 体重减轻,体虚力单　　14. 不易入眠,多梦易醒
15. 晨不愿起,昼常打盹　　16. 局部麻木,手脚易冷
17. 掌掖多汗,舌燥口干　　18. 目干低烧,夜常盗汗
19. 腰酸背痛,此起彼安　　20. 舌生白苔,口臭自生
21. 口舌溃疡,反复发生　　22. 味觉不灵,食欲不振
23. 反酸嗳气,消化不良　　24. 便稀便秘,腹部饱胀
25. 易患感冒,唇起疱疹　　26. 鼻塞流涕,咽喉肿痛
27. 憋气气急,呼吸紧迫　　28. 胸痛胸闷,心区压感
29. 心悸心慌,心律不齐　　30. 耳鸣耳背,易晕车船

注:以上具有3项者已属亚健康,具有6项以上者则为严重亚健康,已靠近疾病边缘。

4. 亚健康自测

● 早上起床时,常有头发掉落。(5分)

● 情绪有些抑郁,常对着窗外发呆。(5分)

● 害怕走进办公室,厌倦工作。(5分)

● 不想面对同事,有自闭症趋势。(5分)

● 工作效率下降,上司已对你不满。(5分)

● 工作1小时后,身体倦怠,胸闷气短。(10分)

● 昨天想好的事,今天怎么也记不起来了,而且近些天来,经常出现这种情况。(10分)

● 工作情绪始终无法高涨,最令自己不解的是无名火气很大,但又没有精力发作。(5分)

● 一日三餐，进餐甚少，即使非常合适自己口味的菜，近来也经常味同嚼蜡。(5分)

● 盼望早早地脱离办公室，为的是能够回家，在床上休息片刻。(5分)

● 对城市的污染、噪声非常敏感，比常人更渴望清幽、宁静的山水，修养身心。(5分)

● 不再像以前那样热衷于朋友聚会，有种强打精神、勉强应酬的感觉。(5分)

● 晚上经常睡不着觉，即使睡着了，又老是在做梦的状态中，睡眠质量很糟糕。(10分)

● 体重有明显的下降趋势，早上起床，发现眼眶深陷，下巴突出。(10分)

● 感觉免疫力在下降，春、秋季流感一来，自己首当其冲，难逃"流"运。(5分)

● 性能力下降，妻子(或丈夫)对你明显地表现性要求，但你却经常感到疲惫不堪，没有什么欲望。(5分)

> **温馨提示**
>
> 请用亚健康状态自测题测一测自己是不是处于亚健康状态或者亚健康到了什么程度，如果你累积的分数超过50分，就需要坐下了，好好反省自己的生活方式，加强身体锻炼、改善饮食搭配了；如果累积总分超过80分，赶紧去医院做一次检测，或者找一个健康营养保健管理师进行咨询，或者申请休假。

亚健康是如何引起的？

亚健康是多因素作用的结果，有社会因素、心理因素的作用，也有不良环境、生活方式的影响，各种应急源、精神因素等均可加重亚健康的程度。

1. 社会适应不良

激烈的社会竞争、快速的生活节奏、复杂而缺少情感交流的人际关系以及对新形势的不适应,都会给人们带来紧张感和不适应,造成心理上的巨大压力,势必对躯体和精神产生不良影响。

2. 不良生活方式和习惯

如高盐、高脂和高热量饮食,大量吸烟和饮酒及久坐不运动是造成亚健康的最常见原因。

3. 环境污染的不良影响

如水源和空气污染、噪声、微波、电磁波及其他化学、物理因素污染是防不胜防的健康隐性杀手。

4. 不良精神、心理因素刺激

亚健康与心理失衡密切相关,主要是因为巨大的心理压力超出个人的承受能力,从而产生一系列心理不适症状。

什么人容易受亚健康困扰?

根据调查发现,处于亚健康状态的患者年龄多在 18~45 岁,其中城市白领,尤其是女性占多数。这个年龄段的人因为面临高考升学、商务应酬、企业经营、人际交往、职位竞争等社会活动,长期处于紧张的环境压力中,如果不能科学地自我调适和自我保护,就容易进入亚健康状态。

易受亚健康困扰的人概括起来有 8 种:
◎ 精神负担过重的人;
◎ 脑力劳动繁重者;
◎ 体力劳动负担比较重的人;
◎ 人际关系紧张造成负担比较重的人;
◎ 长期从事简单、机械化工作的人(缺少与外界的沟通和刺激);
◎ 压力大的人;
◎ 生活无规律的人;
◎ 饮食不均衡、吸烟酗酒的人。

亚健康可采取的干预措施有哪些?

亚健康是健康和疾病的中转站,起因众多,且目前处于亚健康状态的人群占总人口的60%~70%,可见,亚健康的防治应该成为改善人们健康状况、提高生活质量的重点工程之一。那么,如何摆脱亚健康的困扰呢?

1. 社会心理干预

适应社会大环境,调整心态,适应社会竞争,提倡社会经济下的良性竞争,提倡符合中国人特点的健康文明的休闲文化,避免过度应激状态的发生。

● 调整心态　社会、心理因素在机体健康中发挥着重要作用。必须不断提高自身的心理素质,注意保持心理状态的平衡,心胸豁达,坦荡乐观,千万不要为一时或一事的成败而不能自拔。要学会调整身心,并寻找最佳的、合理的休闲方式来摆脱压力。

● 减缓思想压力　减压、抗压、解压。

● 心理咨询治疗　通过自我调节后,亚健康状态仍未得到改善,甚至出现焦虑、烦躁或抑郁等症状时,要及时求医问药或进行心理治疗。

2. 自主行为干预

● 调节人体生物钟　现代社会生活节奏加快,谨慎压力增大,紧张、疲劳、忧虑、伤感、嫉妒、多疑、狂欢、恐惧情绪等,都可能使人体生物钟紊乱,影响人的健康和寿命。从生物钟的角度来看,亚健康状态的发生,是机体对经常变化着的,包括致病因素在内的环境条件适应性发生了不同程度紊乱的结果。生理学家认为,人如果长期定时地从事某项活动,如按时起居、工作、定时进餐等,都会形成良性条件反射,这种生物性调节对增进人体健康、提高工作和学习效率起到事半功倍的效果。

● 发挥运动的作用　体育锻炼是增强身体素质、提高抗疲劳能力的最根本的措施。毫无疑问,适量的运动对疲劳综合征的病人至关重要,但一定要慎重掌握运动的强度。处在亚健康状态的人,运动要适度,不可强度过大,否则会加剧疲劳。

● 合理膳食　都市中有两种不良营养倾向,一是营养和热量过剩,另一种是节食引起某些营养素和热量的不足。这两种倾向都容易引起疲劳,导致亚健康状态。营养合理,科学饮食,满足人体对各种营养素的需要,不仅能促进身体健康,也可以防止疲劳的过早发生。处在疲劳状态的人对酒精不耐受,其他不宜食用的有咖啡、糖等,重要的是摄取营养补充剂,还要注意对体重的控制。

● 保证足够的睡眠　足够的睡眠是预防和消除疲劳最有效、最彻底的方法。平时要严格遵守作息时间,与生物节律同步,最佳睡眠时间是22时～6时,保证8小时睡眠。每晚睡眠少于5小时,被视为剥夺睡眠,则会使记忆力减退。有条件午睡,时间在半小时左右,可提高工作效率。睡时最好平躺,不要趴在桌上睡,这种体位容易使呼吸受阻,导致颈部和腰部的肌肉紧张,醒后很不舒服,易发生慢性颈肩病。睡眠不好的人重在调整,大多数睡眠不佳的人是由紧张、压力、心理应激引起的,要根本改善睡眠,必须放下心理包袱,调整心态,乐观地看待人生中的种种得与失、成与败,保持平和的心态,所以,失眠者需要调整代谢,调整心脑血管功能和血液循环,调整身心功能状态。

● 配合环境治理　倡导绿色工程,还要改善工作、学习和生活环境。

● 倡导文明休闲　随着社会经济的发展和生活水平的提高,人类的健康状况也在不断改善,平均期望寿命持续上升。但发达国家的一些社会弊病和不良生活方式带来的问题,已逐渐在我国蔓延,如营养过剩的高脂高糖饮食、以车代步、生活无规律、饮酒过度、滥用保健药等等。这些不良的生活方式和行为严重威胁着人们的健康,引发了生活方式疾病,即亚健康状态的一种。因此,倡导健康、科学、合理的生活方式和消费方式至关重要,是预防亚健康状态的关键。

● 全社会的参与　亚健康防治是一项社会系统工程,需要全社会的参与。

二、心理亚健康及其调适

随着社会经济的发展以及竞争、失业、生活节奏变化等因素的影响,抑郁症、神经症、酗酒、药物依赖、自杀等的发生率在世界范围内呈现上升趋势,老年性精神障碍如老年性痴呆、老年性抑郁症的比例也在增高。防治心理亚健康是降低精神障碍对健康影响的有力举措。

心理亚健康有哪些表现?

心理亚健康的表现主要如下:

● 紧张　神经长期处于紧张的应激状态下,不能有片刻放松,尤其是在做某一事情之前,常常会寝食不安,难以入睡。

● 多疑　对自己和周围的事情持过分的怀疑态度,怀疑被人陷害、不被人信任、爱人或朋友对自己不忠,怀疑自己得了不治之症等。

● 嫉妒　对于品德、才能比自己强的人,心怀怨恨,对别人的优点、成绩不以为然,看到别人的成功比看到自己失败还难受。严重的嫉妒可以发展为攻击、诋毁,甚至陷害、谋害。

● 自卑　不能正确评价自己,意志消沉,无精打采,无所作为,害怕和人交往,恐惧社交。

● 忧郁　对任何事情都表现得没有把握、放心不下,无缘无故地忧郁,郁郁寡欢,愁眉不展,杞人忧天。

● 敏感　会把别人的一句话、一个动作、一个眼神看成对自己的轻视和不恭,不能正确对待事物,心理上形成恶性循环,造成严重的心理障碍。

- 骄傲　不能正确认识自己，自大、傲慢、狂妄、目中无人，对自己、对别人、对待任何事物不能实事求是。
- 恐惧　对黑暗、雷声、刮风等自然现象害怕、无端恐惧，进而形成幻视幻听、心理障碍。
- 残酷　以戏弄别人为乐，没有同情心，喜欢暴露别人的缺点，嘲弄别人的缺陷，打击别人，抬高自己，轻视或敌视一切，心理不健全。
- 压抑　心理亚健康者大多存在压抑心理，这和工作紧张单调、生活节奏加快、竞争激烈、噪声等因素有关。
- 不良嗜好　心理亚健康者经常要靠吸烟、酗酒等方式来缓解精神的紧张、焦虑情绪，长久以来，形成不良嗜好，有损健康。

> **相关链接**
>
> 美国心理学家马斯洛关于心理健康的10项标准得到较多的认可，这10项标准如下：
> ①有充分的适应能力；②充分了解自己，并对自己的能力作恰当的估计；③生活目标能切合实际；④与现实环境保持接触；⑤能保持人格的完整和谐；⑥有从经验中学习的能力；⑦能保持良好的人际关系；⑧适度的情绪发泄与控制；⑨在不违背集体意志的前提下，有限度地发挥个性；⑩在不违背社会规范的情况下，个人基本需求能恰当满足。
> 我国的心理学家从适应能力、耐受力、控制力、意识水平、社会交往能力、康复力、愉快胜于痛苦的道德感等方面阐述了心理健康的标准，其基本内容大同小异。

如何调适心理亚健康？

心理亚健康的调适重点是调整心理状态并保持积极、乐观。广泛的兴趣爱好，会使人受益无穷，不仅可以修身养性，而且能够辅助治疗一些心理疾病。善待压力，把压力看作生活不可分割的一部分,学会适度减压,以保证健康、良好的心境。

另外,生活方式的改善会对良好心态的保持起到一定的影响作用,如合理的膳食和均衡的营养;及时调整生活规律,劳逸结合,保证充足睡眠;增加户外体育锻炼活动,每天保证一定运动量;戒烟限酒等。

上述方法无法改善的情况下,应及时进行心理咨询或治疗。

1. 抑郁综合征倾向

对"抑郁症"最简单的描述就是"忧从中来,不可断绝"——无尽的悲哀。近年来,随着社会工作、生活压力的加大,人际关系的日益淡漠,抑郁症的发病率有上升的趋势。心理学家认为,90%的人会出现抑郁心情,有的人出现的时间短,只有几分钟,有的人出现的时间长,可达数年,其中以女性多见,男女之比大约为1:3。世界卫生组织的一项研究表明,在欧洲,抑郁症成为人们不上班的原因之一,其人数已经超过感冒人数。我国抑郁症情况也很严重,少年儿童是高发人群,青年人具有较高的潜在隐患,老年人则多发生于老年性痴呆、鳏寡孤独、离退休人群中。抑郁综合征倾向者在人群中通常没有特殊表现,细心的人会发现他们沉默寡言、离群索居,人们常会用喜欢安静、不合群来解释,他们有时会自己察觉人们背后的议论或者怪异的目光,但到医院检查往往没有发现异常,这也是抑郁患者治疗人数较少的原因之一。抑郁是亚健康中特别需要重视的一种心理状态。

● 抑郁症的临床诊断标准

◎ 临床表现情绪低落持续2周以上,有以下6项中的4项可以诊断本病。①嗜睡或失眠;②食欲改变;③疲乏、精神萎靡、冷漠;④过于内疚与自责,觉得人生无价值或无前途;⑤健忘,犹豫或精神涣散;⑥有厌世倾向或想自杀。

◎ 发病特点:一般发病缓慢,可因环境刺激突然发病,病程较长。

◎ 诱发因素:有一定的遗传因素及生物学因素,如神经递质及受体的失衡；心理社会因素，如生活压力大、疲劳过度等。中医认为，本病多由于情志所伤，导致肝气郁结，引起五脏气机不和，气血失调。

◎ 检查项目：心电图、脑电图、脑血流图、CT等，同时排除器质性神经障碍及精神分裂症。

◎ 参考检查项目：免疫球蛋白、血脂、血液流变学。

● 调控方案

◎ 生活方式的选择

○进行心理调适，放下包袱，纠正不良因素影响，提倡健康愉快地工作和生活。

○心理治疗，及时就医，听从心理医生的指导，必要时服药治疗。

○亲朋好友要给患者以无微不至的关怀和充分的理解信任，对患者说话要讲究方式方法，要充满同情心和爱心，鼓励患者诉说心中的郁闷，同时根据情况给予必要的指导，帮助患者适应环境，增强信心，战胜疾病。

○向患者详细解释病情，争取得到患者的支持和理解，配合医生治疗。

○保护患者自尊心，肯定患者在工作生活中取得的成绩，激发他们对美好生活的回忆和留恋，促进康复。

○家属或同事在照顾患者时，要防止患者的自杀倾向，鼓励患者保持乐观、积极向上的情绪。

○劝导患者不要孤身独处，减轻他们各方面的压力，帮助他们树立自信心，及时发现患者确有的、他们自己没有发现或者被自己忽略的优点，并充分赞扬他们的优点。

○经常欣赏轻松音乐，调节紧张情绪。

○外出旅游，欣赏大自然的美好景色，转移注意力，消除忧愁。

○采用芳香疗法，可在房间里布置鲜花，或佩戴香囊，以利于病情的改善。

○参加社交、文体活动,如看电影、逛公园,转移注意力,保持开朗心情。

○居室装饰应宽大明亮,色彩鲜艳明快,以辅助改善情感方面的症状。

○保持心情舒畅,合理安排一天工作、生活。

○按时作息,早睡早起,保持乐观,消除顾虑,战胜疾病。

○切忌盲目服药。安眠药、镇静剂虽然能短时改善睡眠,但同时也抑制患者好的心情、好的情绪,可使健康状况恶化,一方面它们损害肝脏、心脏、大脑,另一方面它们有成瘾性,所以,用时要尤其慎重。

○在刚刚出现抑郁征象时,应努力摆脱,战胜自己。不要坐在家里,一个人在家里时间越长,迅速摆脱这种不良影响的可能性就越小。

○酒精、烟草能暂时改善情绪,但酗酒可以加重抑郁,尼古丁也能使情绪变坏。

○雄性激素可以改善情绪,如睾酮。对于老年抑郁症患者可以适当给予睾酮,补充雄性激素。

○德国柏林自由大学的一项研究表明,有氧运动在治疗抑郁症方面比药物更有效。进行有氧运动,能增强体质,预防、治疗抑郁症。

◎ 饮食宜忌

○小麦、粟米、赤小豆可养心除烦。

○油菜、苋菜、芹菜适用于肝郁脾虚者。

○橘子、橙子、柚子、柠檬等可以理气解郁,开胃健脾,最适合抑郁症患者。

○荔枝、桂圆、莲子适用于心脾两虚者。

○瘦肉、牛奶食之不忌,各种鱼类食之有益。

○不食油腻食物,如肥肉。

> **温馨提示**
>
> 推荐药膳:①梅花粥:白梅花15克,糯米50克,共煮成粥,经常服用,能疏肝气、除郁结,有助于身心的恢复。②神仙解郁酒:佛手、合欢、白菊花各10克,橘皮1具,薄荷叶2克,白酒500克,浸泡2周后服用,每次20毫克。

◎ 适宜的运动方式

○抑郁症属于精神疾病,体育锻炼对其并无直接作用,但可提高身体素质,增强生活信念,保持乐观向上的精神状态,有辅助治疗作用。

○经常在空气清新的地方漫步,可使人神清气爽,情绪乐观,思维敏捷。

○气功导引疗法对本病有效。

2. 焦虑症倾向

焦虑症是目前国内外神经官能症诊断中最多的一种。焦虑是一种情绪状态,其核心内容是担心,焦虑情绪指向未来,感觉某些威胁或危险即将到来或马上发生,而实际上并非如此,其紧张程度和现实情况很不符。焦虑症常伴随躯体不适感或明显的躯体功能障碍。焦虑症可能派生出罪恶感和无用感,常对人对事怀有疑虑态度,常会失望而生愤怒,并迁怒于人,无用感主要是源于社会变化和激烈竞争所带来的内心恐惧,目前有无用感的人越来越多,是发展为心脏疾病的前兆。焦虑症受遗传因素、个人因素和社会因素的共同作用,亲属中有惊恐发作的人容易成为焦虑症患者,自卑,胆小,对轻微挫折或身体不适就产生焦虑、紧张的人容易患焦虑症,本病的发生还与离婚、丧偶、工作不顺利等生活经历有关。

● 焦虑症的突出症状

◎ 精神焦虑可以表现为烦躁、焦虑、紧张、不安、不必要或者过分的担忧,即所谓不祥预兆。

◎ 运动型焦虑可以表现为坐立不安、面部肌肉抽动、肌肉跳动、四肢颤抖、小动作增多等,可以用如坐针毡来形容,严重的可以出现不停滞徘徊,甚至捶胸顿足、以头撞地等。

◎ 焦虑症可以有许多躯体表现,如失眠、头晕、头痛、口干、出汗、脸色苍白或潮红、血压升高、呼吸短促、喉头梗塞或者窒息感、心跳加快、恶心呕吐、便秘或腹泻、尿意频急、性功能障碍以及妇女月经紊乱等。

● 调控方案

焦虑与抑郁是一对孪生姊妹,经常相伴出现。解释性心理治疗,对于慢性焦虑以及康复期患者很适用,有助于减轻症状,预防复发。

◎ 了解焦虑症的有关知识,正确认识疾病是可以治愈的,消除恐惧心理。焦虑的心理和躯体症状都是由心理冲突引起的,是一种功能性疾病,不会造成精神残疾,更不会置人于死地。适当转移注意力,不要对焦虑情绪过分在意,否则会加重焦虑,形成恶性循环。

◎ 药物治疗不能从根本上消除焦虑,只能缓解症状,因此,在药物治疗的同时接受心理治疗,并积极配合,疗效会更好。

◎ 参加适当的体育锻炼,参与户外清雅场所的娱乐活动,种花养草,陶冶情操,欣赏轻松的音乐,避免恐怖、紧张的影视画面以及重金属等的不良刺激。

◎ 日常生活中不过分注意疾病,做自己力所能及的事,尽量不长时间待在家里睡觉,要积极投身到学习工作中去。

◎ 合理安排工作、学习和生活,保持睡眠充足,但不宜全休在家。在家时要做些家务,参加娱乐活动,转移注意力,打破恶性循环。

◎ 正确认识自己,正确对待周围事物,增强自信心和成功意识。

◎ 对于紧张而不能放松的患者,可采用放松疗法,通过打太极拳、音乐治疗、生物反馈治疗,使紧张的心情和绷紧的肌肉放松下来。

◎急性焦虑或惊恐发作要先用药物控制症状,继而通过心理治疗,尤其是支持疗法和认知行为疗法改善患者对惊恐发作的期待性焦虑,最后进一步分析焦虑背后的心理冲突,设法找到并彻底铲除焦虑的根源。

◎焦虑症的预后较好,新发病例75%有望在半年至一年内痊愈。有些病人症状可能迁延难愈,但是社会功能预后良好,并不会导致精神残疾或功能的严重丧失。

3. 自闭心理

自闭心理就是要把自己和社会完全隔离开,很少或者根本没有正常的社会交往活动,除必要的工作生活外,整天关门在家,自我封闭,与外界隔离,表现出一种对社会、对周围环境完全不适应的病态心理现象,大多表现为心情抑郁、苦闷,缺乏信心,没有朋友,没有社交活动,对一切活动都没有兴趣,对未来失去希望,意志薄弱,生活懒散,逐渐丧失意识的主观能动性,陷入深深的心理困惑之中而不能自拔。自我封闭心理具有一定的普遍性,各个历史时期、不同年龄层次的人都可能出现。当今的自闭症患者可有其他类型特征,有专家认为,不愿结婚的独身者、社交恐惧症者、自责心理严重者,大多数都或多或少存在自闭心理障碍。

自闭症的原因比较复杂,有的因个性与神经系统的缺陷与弱点所致;有的因受到意外的不良刺激,心里难以承受并在行为上表现出来;有的因长期受挫与失败导致精神失常等。

自闭症的心理调控方法如下:

◎**精神转移法**:许多自闭症患者常常喜欢把注意力集中到某一点、某一特定具体事物上,因而导致对外界、对他人的冷漠和自闭。只要注意培养自己其他方面的兴趣和爱好,转移注意力,在大脑建立新的兴奋点,自闭症就会很快痊愈。

◎**主动出击法**:对于自闭症者或有自闭倾向的人,领导、同事、家人、朋友要积极主动为他们创造条件,让他们多接触社会,多进行人际沟通,逐渐消除恐惧感、孤独感,尽快从自闭的误区中走出来。

◎ 正视自我法：生活、工作中都要正视自己，正确面对挫折，遇事镇定自若，善于表达自我，挖掘优点，树立自信心，走出自我封闭的小圈子，投身到社会大生活中去。

◎ 系统脱敏法：自我封闭者要正视现实，强迫自己勇敢地投身到社会生活中去，找机会多和人接触，不断摸索，扩大和外界的交往。

4. 浮躁心理

浮躁心理是指做任何事情都没有恒心，见异思迁，喜欢投机取巧，讲究急功近利，强调短、平、快，立竿见影，平时则无所事事，乱发脾气，一刻也不能安稳地工作。从表现特点上看，有亚健康的症状特点，如心神不定、焦躁不安、喜欢冲动、冒险，甚至铤而走险等。浮躁是一种冲动性、情绪化与盲目性相互交织的复杂的病态社会现象，它使人们失去准确定位，让人随波逐流。盲目行动，不计后果，与脚踏实地、艰苦创业、励精图治、公平竞争的社会准则相抵触，对国家、社会的整体运转有害。

浮躁心理的调控方法如下：

◎ 不盲目攀比，摆正自己的位置。

◎ 培养持之以恒、坚持不懈、任劳任怨的工作精神。

◎ 遇事三思而后行，切忌盲目、冲动、丧失理智。

◎ 要有高瞻远瞩的气魄。

5. 孤独心理

有的人性格孤僻，害怕与人交往，有时会莫名其妙地封闭自己，顾影自怜，孤芳自赏，无病呻吟，逃避社会，心理学上称此为孤独心理。由孤独心理产生的与世隔绝、孤单寂寞的情感体验，叫作孤独感，多见于性格内向的青少年。孤独感的心理调控方法有开放自我，真诚、坦率地对待他人，主动接近别人，关心别人，扩大交往面，融洽人际关系；不脱离集体，从文化教养到兴趣爱好的各个方面都和同龄人交流；增进相互间的了解，尤其是两代人之间，消除代沟；树立正确的人生观、友谊观、恋爱观、婚姻观，这是打败孤独最有效的武器；培养广泛的兴趣爱好，使业余生活丰富多彩；正确对待孤独，享受孤独，在从事研究、创作时，孤独可能会激发灵感。

6. 逆反心理

"逆反心理"是指人们彼此之间为了维护尊严，对对方的要求采取相反的态度和言行的一种心理状态。逆反心理在青少年成长过程中的不同阶段都有可能发生，而且有多种表现。例如，对于正面宣传做不认同、不相信的反向思考，对榜样人物无端怀疑甚至根本否定，对思想教育以及规章制度消极抵制等，都属于逆反心理。逆反心理作为一种反常心理，可能导致同事之间的多疑、冷漠、不合群，严重时可导致理想破灭、信念动摇、意志消退、工作消极、学习被动、生活颓废、精神萎靡等。逆反心理的调控方法有适应社会变革出现的文化、道德、法律等意识形态发展以及善恶、美丑、是非、荣辱等观念更新带来的影响；正确认识自己和社会，努力把握自己；对青少年要从小抓起，从思想、道德、生理、心理等方面帮助他们健康发展；从根本上促进社会风气的好转，帮助克服逆反心理的产生。

三、亚健康的中医认识

亚健康状态在临床物理检查、实验室化验上没有明显的异常，这就给现代医学的临床治疗带来一定困难。中医整体观念和辨证论治在防治亚健康过程中具有一定的优势，亚健康人群的许多临床表现都可以用中医的四诊、八纲、脏腑辨证、六经辨证、气血津液辨证、三焦辨证进行总结、归纳、概括，可以用中医的辨证论治原则去指导，用中医药的养生、治疗方法干预和调控。

中医基本观点是什么？

亚健康状态属于中医"虚"的范畴，其中又分表虚、里虚、虚实夹杂等类型。表虚多为患者抵抗力不足，营卫本虚，中气不足，肌腠不密，容易导致外邪侵袭，邪气入里致病；里虚多为先天不足，多发于女性，这与女性大多先天性格怯弱，多愁善感，一旦病邪困扰，就会抑郁不舒，心神不安，情志受伤，肝气郁结，气血郁阻，气血不畅有关。各种原因日久，必然会消耗人体的精血，累及多个脏腑。

根据中医古今文献记载，结合现代对亚健康的认识，我们试把亚健康的中医症候归纳为肝郁气滞型、淤血内阻型、湿热内蕴型、阴虚火旺型、痰湿内生型、气血亏虚型、脾肾阳虚型、心肾不交型、心火旺盛型、肝胃不和型等类型。

如何进行中医中药调控？

中医治疗首先强调"上工治未病"，主张未病先治，既病防变，防患于未然，救弊于萌芽。

中医中药对亚健康的调控正是基于这种防患于未然的考虑，采取的一种防微杜渐、提早干预、提早治疗、截断扭转、防止亚健康向疾病发展，促进亚健康人群向健康转变的治疗方法，也就是中医所谓的"治病求本，固护人体正气，整体调节，辨证论治"的调控方法。

在亚健康的调控过程中，中医一方面重视中药的作用，另一方面还非常重视养生保健方法对维护健康的作用。科学合理的生活方式，安定祥和的精神状态，顺应自然界四时气候的变化，科学平衡的膳食结构，适度的体育锻炼，都是中医中药调控亚健康的重要内容。

有规律的生活、行为、工作方式是提高生命质量，预防和治疗亚健康状态的根本办法。中医主张的饮食有节、起居有常、不妄劳作、情志调畅、劳逸结合等养生保健原则，就是对亚健康状态治疗调控的高度概括。

当然，对于心理性亚健康、身体性亚健康、社会适应能力不良性亚健康，无论发病原因是多么的复杂，症状多么变化多端，病名诊断为何，中医都可以发挥整体观念和辨证论治的优势和特点，通过各种治疗方法和手段、养生保健方式、饮食宜忌、医疗体育运动的选择、良好生活方式的培养等进行综合调控。

何为亚健康的自然疗法?

当今时代,越来越多的人愿意尝试一些源自世界各地民间流传的传统的、接近自然的医术和治疗手法。自然医学以平衡人体与环境为宗旨,使用自然的力量,促进人体的自然防卫能力和自我调节机制,维持病人体内环境的平衡,并启动自疗体系的动力,使人体各器官恢复原有的健康本能,而达到改善疾病与症状的目的。自然医学是注重预防的医学,主张使用天然无毒性、无副作用的自然疗法来预防疾病、治疗疾病并维持健康,是亚健康人最适合使用的防治方法。

自然医学的理论基础包含7个重要理念:无害、无毒、无副作用;人类本身就有自愈能力;确认并治疗病因;治疗整个人体;医生是一位良师;预防即是最好的治疗;建立身、心、灵全面性的健康。

自然医学不仅可以治病,更能协助病人找出任何潜在问题。这种崇尚自然的素材与方法所衍生的自然医学,事实上包含许多种治疗体系,如饮食及营养学、天然草本药物、腺体细胞治疗、针灸、能量医学、整脊推拿、瑜伽、气功、音乐疗法等等。自然医学的基本原则,除了调整生活习惯、改变饮食形态之外,自然疗法中医师还可通过上述各种治疗的形式来强化健康。有些特别强调某种治疗方式,有的则强调多种形式的治疗合并使用,因此亦称之为"整合性医学"。由此可见,亚健康者是最适合使用自然疗法的人群。它对亚健康状态的调控方法主要是注意食用天然的、未经精细制作的食品,即绿色食品;适当的运动改善心、脑、肾、消化、呼吸和新陈代谢等功能;成人每天饮水7~8杯,促进代谢、清洗内脏、预防结石及泌尿系统疾病;充足日照、新鲜的空气可改善情绪,在体力、脑力、心理等各方面都起到良好的调节作用。

第五章

常见疾病状态人群的健康管理

一、肥　胖

肥胖就女性而言,逐年肥胖是一种危险;对男性而言,体重增加也面临同样的危险。WHO已将肥胖定义为一种流行病。美国已将其列为与吸毒、枪支泛滥同等的社会问题。糖尿病、胆囊炎、高血压、冠心病、骨关节病、乳腺癌、子宫癌、结肠癌等11种疾病,也已被证实与肥胖有关。在我国,因肥胖引发的种种疾病,医疗费用开支占比例最大。

如何认识肥胖?

1. 定义

肥胖是指身体的脂肪过多,体重超过标准体重的20%。世界卫生组织规定体重指数25～30为肥胖,30以上为严重肥胖。中国人大于28为肥胖。

2. 原因

肥胖具有多重因素,包括:发育因素,如遗传中肥胖基因的作用及小时候的过度喂养;社会因素,如在发达国家,肥胖人群以社会经济地位低层、受教育水平较低、高脂肪饮食过多者占比例较大;情绪因素,如在心灰意冷时,有的人通过过度饮食来消磨时光;生活方式,如体力活动较少、每日看电视超过3小时者发生肥胖的可能性较大。

3. 危险

肥胖易导致高血压、糖尿病,手术并发症;肥胖妇女心肌梗死、卵巢癌、乳腺癌的危险较大;肥胖男性心脏病、结肠癌、直肠癌、前列腺癌的危险较大;许多国家,将肥胖视为失败、懒惰、意志薄弱的标志。

怎样调控肥胖?

轻度肥胖者(体重超过理想体重的20%～40%),进食量应适可而止,应着重培养健康的饮食和锻炼习惯。中度肥胖者(体重超过理想体重的41%～100%),应在医生指导下节食、改变行为方式和进行运动,还应与营养专家配合,学习营养搭配。

1. 控制饮食

● 长期控制能量摄入　这是肥胖症的基础治疗方法之一。膳食中应注意吃低热能食物,造成能量的负平衡。

● 限制脂肪摄入量　脂肪摄入应控制在占摄入总热量的20%～25%。要控制烹调用油量及含油脂较多的食品,如烤鸭、红烧肉等。

● 适量碳水化合物　碳水化合物应限制在占总热量的40%～55%。以谷类食物为主,每日摄入150～250g。控制单糖食品,如蔗糖、麦芽糖、果糖、蜜饯及甜点心等,以防脂肪沉积。

● 限制辛辣刺激性食物及盐等调味品,摄入足够的新鲜蔬菜。

● 养成良好的饮食习惯　少吃零食、甜食、啤酒,细嚼慢咽,一日3餐定时定量,早餐要吃好,晚餐要吃少,饮食多样化。

> **相关链接**
>
> 推荐药膳：①山楂、决明子、荷叶各10克，沸水冲泡代茶饮。适用于有痰、大便稀薄或黏腻不爽的肥胖者。②番泻叶3克或熟大黄3克，沸水冲代茶饮。适用于胃肠有热、大便干燥的肥胖者。③经常食用芹菜、萝卜、木耳等蔬菜或玉米面粥，能润肠通便。④荷叶粥：鲜荷叶1张清水煮后去渣留汁，加粳米100克、冰糖少许炖煮。适用于体虚有湿的肥胖者。⑤赤小豆粥：赤小豆30克、粳米100克、冰糖少许，炖煮。适用于体虚有湿、小便黄赤的肥胖者。⑥燕麦片粥：燕麦片50克，煮至熟软。适用于患高脂血症、冠心病的肥胖者及健康人日常保健。⑦鲜拌三皮：西瓜皮、黄瓜皮、冬瓜皮各200克，下开水锅片刻，冷凉切条。或黄瓜拌蜇丝：鲜黄瓜500克，水发蜇丝100克，配适量调料。经常食用，可清热、利湿、减肥。⑧马蹄木耳：水发木耳100克，荸荠150克，煸炒勾芡。可清热、利湿、健脾、减肥。

2. 适宜运动

适宜运动，消耗能量是肥胖症的另一基础治疗。原则是运动量由小到大，循序渐进，贵在坚持，控制好有氧运动的强度。各种体育运动可根据情况选择。

● 寻找机会运动　如爬楼梯不乘电梯；乘公共汽车提前几站下车，步行剩余路程；每日至少步行15分钟，逐渐增加。

● 采用多种方式运动　体育运动，如游泳、跑步、爬山、球类运动、跳健美操、跳韵律操、打太极拳等；现代体育器械练习，如跑步机、摇摆机、有氧运动练习机、拉力器等。

许多肥胖病人愿意寻找减肥替代办法，认为只要选择低热量、低脂肪食物就可以大吃特吃了。请分析其思想根源，帮助其解决问题。

思想根源：一是缺乏知识，二是心理异常。应知晓任何食物吃得太多，都会破坏节食，影响减肥；长期控制能量摄入和增加能量消耗是减肥两大基础治疗；肥胖的危险甚多；许多国家将肥胖视为失败、懒惰、意志薄弱的标志。

> **温馨提示**
>
> 控制体重是减肥的关键，减肥只有2种有效方法，即少吃和多动。

二、疲 劳

疲劳是亚健康的主要标志和典型表现，也是躯体或心理性疾病的征兆。疲劳分为身体性疲劳、脑力性疲劳、心理性疲劳、病理性疲劳。慢性疲劳综合征(CFS)是国际上公认的、研究最广泛的疲劳征候群。

什么是慢性疲劳综合征？

1. 病因

现代医学研究推测，CFS与免疫系统功能失调，神经、内分泌系统功能改变，病毒感染，应激等因素有关。

2. 临床表现

身体出现6个月以上无法解释的疲劳感，通常同时出现原因不明的咽喉痛、肌肉酸、关节痛、淋巴结肿大、短期记忆丧失、睡眠不足、头痛及体力难以恢复。

3. 诊断标准

上述症状出现4项以上，并排除神经衰弱、更年期综合征、内分泌失调、神经官能症等情况下即可确诊。

如何调控慢性疲劳综合征?

1. 选择生活方式

- 保持心情舒畅,切忌紧张焦虑。
- 处理好人际关系,做生活的主人。
- 培养、挖掘、重新找回自己的兴趣爱好,开展适合自己的体育活动,减轻精神负担。
- 保证充足睡眠,合理营养和适当的体力活动。
- 不用刺激性饮料提神,避免劳累、过饥过饱、情绪激动等诱发因素。
- 居室应安静,灯光色彩应柔和,布置应温馨、和谐。

2. 增加营养

- 多食蔬菜　多食青菜,叶类蔬菜较好,能清热通便;韭菜、生姜、大葱等温性蔬菜,对肾虚水冷型体质较好;白菜、萝卜、冬瓜、慈姑能化痰利水;莴苣、黄花菜能利水;生姜、大葱、香菜可通阳。
- 适量干果　荔枝、桂圆等有补益作用;莲子、百合、桂圆等养心安神;栗子、核桃、槟榔、荔枝、桂圆等提高心率、消除疲劳。
- 增加水果　梨、苹果、葡萄、樱桃、菱角等可益气生精,可用于气虚血瘀、阴虚有热者;橘子、橙子、柚子可化痰行气;桃、山楂可活血化瘀。
- 适量肉、水产类　肉及水产类营养价值丰富。宜食猪肉、牛肉、羊肉、鸡肉、兔肉、狗肉、新鲜鱼、虾等。
- 增加乳、蛋类　乳、蛋类含丰富的蛋白质、维生素、矿物质,应每日食用。
- 增加粮食类　谷类、薯类等益心、脾、肾之阳气;黑豆、薏米、山药等健脾益气、化痰利水。
- 不可多食酸涩、咸寒、油腻、生冷、刺激性食物,如绿豆、鸭肉、海带等性寒,咸鱼、贝类等咸寒,易伤阳;肥肉等油腻,易损脾胃;辣椒、浓茶等刺激,易伤阴。

> **温馨提示**
>
> 推荐药膳：①银杏茶：银杏叶5克，沸水冲代茶饮。能扩张心脑血管，消除疲劳，抗衰老。②红花酒：藏红花10克，白酒500毫升，浸泡1周，每次饮20毫升，每日1次。能活血化瘀，通经活络，疲劳兼有肢体疼痛、畏寒怕冷者适用。③参茸酒：人参1支，鹿茸3片，白酒500毫升，浸泡2周，每次50毫升，每日1～2次。能补肾壮阳。④山楂薏米粥：山楂10枚，生薏米50克，煮粥。经常食用，能活血消食健脾，适用疲劳兼消化不良者。⑤姜枣薏米粥：薏米50克，大枣10枚，生姜5片，煮粥。能健脾温胃祛寒，适用疲劳、胃寒、大便稀薄者。⑥银耳鸡心羹：银耳2个，泡发去心，鸡心10个切片，煮汤调味。经常食用，能养心安神，补益气血。适用气血不足、心悸、失眠多梦者。⑦核桃大枣粥：核桃仁5个，大枣5枚，粳米50克，煮粥。能补肾健脾。适用脾肾阳虚，头晕耳鸣，腰腿酸软，记忆力下降，脱发者。⑧冬瓜薏米粥：鲜冬瓜皮100克，薏米50克，煮粥。经常食用，能健脾利湿，适用脾虚有湿、脚气、下肢肿、身体沉重疲乏者。⑨八角羊心汤：羊心1具切片，八角茴香1枚，煮汤调味。能散寒补虚，脾胃虚寒者可经常食用。⑩荷叶粥也可经常食用。

3. 选择适宜运动方式

● 晨练　晨起做轻微运动，如慢跑、打太极拳、散步等，以活动筋骨、疏通血脉、增强心肺功能。

● 练放松功　头、胸、腹、四肢等各部位，依次放松。每次30分钟，早、晚各一次。能消除疲劳，改善睡眠，调整睡眠。

● 自然呼吸功　自然站立，全身放松，目视前方，半开半合，含胸拔背，收腹松腰，用鼻深吸，下沉丹田，用口慢呼，意守心脏，反复练习。每次10～20分钟，早、晚各一次。能锻炼心肺功能，帮助消化，增强机体免疫力。

● 气功导引法　自然端坐，头背正直，双目微闭，全身放松，意守丹田,调节精神,排除杂念,渐入佳境。每次练习 30 分钟,每日早、晚各一次。能颐养心志,强身健体,消除疲劳。

- 气功导引练习　端坐,深吸气,意随气行,周而复始。每次 10~20 分钟,每日 1~2 次。能疏通血脉,调畅呼吸,消除疲劳,改善睡眠。
- 按摩　在心前区、足底、耳部轻轻按摩,每次 10 分钟,每晚睡前 1 次。能消除疲劳,改善血液循环,促进睡眠。
- 漫步疗法　每日晨起散步,正走、倒走交替进行。能增强机体协调性,消除疲劳。
- 深呼吸操　晨起去树林中、小河边等空气新鲜处,扩胸、深呼吸,每次 10 分钟。能增强心肺功能,增加新陈代谢,促进睡眠。
- 自律疗法　暗示自己放松、静心,使身体融入自然。能消除疲劳。
- 踏步疗法　正立,原地踏步,高抬腿,深呼吸,逐渐增加运动量,有助于消除慢性疲劳。
- 以上运动交替进行,或采取其他各种轻微运动,均可消除疲劳。

　　一位中年女教师,最近半年来感觉四肢酸软,休息后不能缓解,而且食欲下降,经常感到上腹部饱胀,多梦,记忆力下降,看了一大段文字却不知其中的意思,在家里好发脾气,说"做得好累"。这种状况是否应该考虑为慢性疲劳综合征?应怎样调整?病人特喜爱吃咸鹅肉,用它增加蛋白质,增强抵抗力可以吗?

　　应该考虑 CFS。一方面应该了解其原因,另一方面应:①调整生活方式:减轻工作和家庭生活压力,注意劳逸结合,保持心情舒畅,采取促进和保证睡眠的措施。②给予高蛋白、丰富维生素、易消化的饮食,以增加营养,补充消耗。同时经常食用山楂薏米粥和核桃大枣粥,有助于改善症状。③增加适宜运动:可根据自己的活动喜好、时间安排等选择气功导引练习或自然呼吸功等,改善不适症状。吃咸鹅肉增加蛋白质的方法不可取,鹅肉性寒,防止咸寒伤阳。

> **温馨提示**
>
> CFS的病因涉及很多方面,现代医学研究推测的4方面应引起同样的重视。

三、便　秘

便秘是临床常见症状之一。中国约有12%的人患有不同程度的便秘,其中中老年人和妇女发生率高。

何为便秘?

1. 原因

便秘的原因较多,就亚健康便秘而言,一般与生活不规律、情绪紧张、过度节食、饮食过精过细等因素有关。

2. 临床表现

当排便规律消失,排便间隔超过48小时,粪便坚硬,排便时感觉不适,则说明发生了便秘。便秘者经常持续一周甚至更长时间不解大便,体检下腹部有坚硬的包块。有人大便黏腻不爽,有排便未尽感;有人因特定的因素出现一时便秘,这些情况被称为亚健康便秘。

3. 危险

长期便秘加重肝脏解毒负担,造成全身慢性中毒,引发肛裂、痔疮、结肠癌等;小儿长期便秘影响智力发育;老人便秘可诱发心脑血管疾病,老人长期便秘可诱发痴呆;妇女便秘可致不孕、流产;肝硬化病人便秘可引发上消化道大溢血;高血压病人便秘可引发脑出血;冠心病病人便秘可引发心肌梗死。

如何调控便秘?

1. 选择生活方式
- 生活规律,早睡早起,定时排便,最好在早晨排便。
- 坚持锻炼。
- 保证合适的饮食,利用食物反射,促进肠蠕动。

2. 调整饮食结构
- 每日早起喝200毫升凉白开水。
- 食易消化饮食,保证足够的水分。
- 多食维生素和纤维素,粗粮、豆制品、韭菜、芹菜、萝卜、菠菜等富含纤维素,水果、新鲜蔬菜富含维生素。
- 多食易产气食物,如生黄瓜、黄豆等,增加肠蠕动。
- 适当多食富含油脂的食物,如花生、核桃、芝麻等,润肠通便。
- 不可饮浓茶、烈酒,不可食辛辣、刺激性食物,忌寒凉食品,不可多食含蛋白质过多的食物。

>>> **相关链接**

推荐药膳:①香蜜茶:蜂蜜50克,香油10毫升,沸水冲代茶饮。能润肠通便。②牛奶粥:牛奶100毫升、粳米50克,煮粥。清晨食用,能润肠通便。③萝卜粥:鲜萝卜1个,粳米100克。经常食用,能理气通便。④芝麻粥:黑芝麻10克炒熟,粳米250克,加水煮至八成熟,蜂蜜适量,混合煮粥。早晚食用,能润肠通便。⑤百合粥:百合250克加水煮成糊状,加适量蜂蜜。每日1次,能润肠通便。⑥米汤蜜蛋花:鸡蛋1个,打入20毫升蜂蜜中搅匀,冲入1碗热米汤,熟后即食。每日早餐时食用,能润肠通便。

3. 选择适宜运动方式
- 晨起后快步行走10~20分钟,增加肠蠕动;身体状况允许者可以轻轻跳跃,震动肠管;然后立即如厕排便。

● 做旱地划船运动,通过周期性增高腹内压,刺激肠蠕动。

● 顺时针方向按摩腹部,边按边轻轻敲打,每次20分钟,刺激肠蠕动。

● 取仰卧位,两腿上提,做快速屈、举腿运动,每次10分钟,刺激肠蠕动。

张老太,通常3～4日解一次大便,粪便呈圆球状,一直服用果导通便。一周前,服果导量大而腹泻,好转后一直未排便。老太每餐不敢吃饱,惧怕排便困难。应怎样调适?

不可忧愁,不可滥用泻药,不可节食。应增加食物中纤维素、水及含油脂食物的量,可用香蜜茶、萝卜粥等润肠通便。不可久坐,按顺时针方向按摩腹部,边按边轻轻敲打,每次20分钟,刺激肠蠕动。必要时,在有便意时可由肛门注入开塞露辅助通便。

>>> 温馨提示

便秘患者不可滥用泻药、镇静药、解痉药,不可忧愁、久坐。

四、偏头痛

偏头痛的发病率在不断增加,知识分子、女性多见,20～40岁为发病高峰期。尤其是现代生活节奏快、工作压力大更易发生偏头痛。现代医学认为偏头痛是由神经血管功能障碍引起的。

何为偏头痛?

1. 偏头痛病因不明。从发作情况看,工作压力大、劳累、精神紧张、饮食结构改变(如洋快餐)、在密闭的空调房内长时间工作等均可引起偏头痛。中医认为,多由风、火、痰、瘀、虚等多因素所致,是风寒、风热、淤血、痰湿、肝肾阴虚等导致,不通则痛。

2.偏头痛以一侧头部突发性疼痛伴血管跳动为特征,同时伴有恶心、呕吐等症状。病情反复发作,病程在6个月以上或至少已有5次发作。发作可有诱因,发作前常有先兆,可自行缓解或经中药(基本药方:当归、白芍、川芎、地黄、白芷、香附、延胡索)及西药(发作期可用麦角胺、舒马普坦等)治疗缓解。通过神经系统检查、理化检查、头颅CT排除神经系统器质性病变。

如何调控偏头痛?

1. 选择生活方式

● 保持心态平和,避免情绪紧张,与人和谐相处。

● 生活规律,劳逸结合,保证充足睡眠。

● 积极锻炼身体。

2. 调整饮食结构

● 饮食应清淡、易消化。

● 多食小米、粟米安神,蔬菜清热生津,新鲜水果、干果酸甘化阴,以及牛肉、鸡肉、新鲜鱼类。

● 不可食用浓茶、烈酒、咸菜、奶酪、巧克力、番茄、柑橘、牛奶、猪头肉、虾、公鸡、辣椒等,防止诱发和加重偏头痛。

>>> 温馨提示

推荐药膳:①合欢花茶:合欢花10克,沸水冲泡代茶饮。能镇静安神、养血止痛。②百合茶:百合花15克,煎水代茶饮。经常食用,能润肺凝心。③胡萝卜粥:胡萝卜100克,粟米50克,煮粥。经常食用,能缓解疼痛,改善睡眠。④粟米大枣粥:粟米50克,大枣10枚,煮粥。经常食用,能健脾安神。

3. 适宜运动方式

轻微体育运动,以身体轻微疲劳为度。

很多人在偏头痛初次发作时很紧张,大多能积极主动地到医院进行检查治疗。当检查结果显示没有异常发现时,许多人又对经常发作的疼痛掉以轻心。于是,止痛药成了他们的必备药品,用痛即止,不用痛发,甚至出现止痛药依赖。应该怎样进行健康管理?

首先应该认识到不能轻易使用止痛药,即便使用也只是暂时手段,不能作为常规治疗,否则可能造成止痛药成隐,甚至损害肝、肾、胃肠、神经系统等。应在配合医生治疗的基础上,合理调控。如保持心态平和,生活规律,劳逸结合;调整饮食结构,勿用可诱发和加重偏头痛的食物;可用合欢花茶、胡萝卜粥等镇静安神、缓解疼痛。

>> **温馨提示**

偏头痛病人一定要配合治疗,不滥用药。非药物治疗:①音乐疗法:听轻音乐或中国民乐,缓解紧张。②针灸疗法:进行专业针灸。③按摩疗法:由专业按摩师按摩,放松神经缓解血管痉挛。④沐浴疗法:采用热水浴有一定作用。

五、神经衰弱与失眠

神经衰弱是神经官能症中最常见的一种。发病率高,尤其好发于16～40岁人群,知识阶层的人群最常见。

什么是神经衰弱与失眠?

1. 神经衰弱与失眠的病因

神经衰弱可由心理、生理、环境、病理因素引起,如长期的紧张性、缺乏计划性工作，生活单调、作息无规律、忧虑、脑力劳动过度，缺少必要的活动，长期睡眠不足，过量吸烟、饮酒、喝浓茶等均可引起神经衰弱与失眠。

2. 神经衰弱大多不做严格的医学诊断，最多当出现失眠、精神不好、体力不支时就诊断为神经衰弱。失眠主要表现为入睡困难、熟睡困难或早醒。

如何调控神经衰弱与失眠？

1. 选择合理的生活方式

- 保持心情舒畅，参加文体活动。
- 合理安排生活，创建优美的居住环境。
- 忌看不健康的影视、书刊。
- 忌劳逸过度。

2. 调整饮食结构

- 平时多食核桃、黑芝麻、大枣、葵花子、小米、新鲜蔬菜、水果、干果、鱼虾、瘦肉、动物肝脏等，睡前饮 1 杯热牛奶或蜂蜜水。能补益、镇静、安神。
- 不食刺激性、兴奋性、不易消化的食物，如辣椒、浓茶、油炸食品等。防止因神经兴奋及不消化而失眠。

>>> 相关链接

推荐药膳：①合欢花茶；②百合茶；③银耳鸡心羹；④粟米大枣粥。

3. 适宜运动方式

- 参加适度的体育活动，项目可自由选择，以轻微疲劳为度。
- 老年人练太极拳最好。
- 气功疗法均可练。神经衰弱兴奋型可练放松功，虚弱型练强壮功，体力较好者练站桩，每次 30 分钟，每日 2 次，早起、睡前各 1 次。

神经衰弱缺乏针对性药物治疗,许多人往往随意服镇静催眠药或保健品,不采取积极的方法来调控生理失衡状态,其结果非但无效,反而延误病情。应怎样进行健康管理?

首先应认识神经衰弱需要进行专业性合理调控,不能滥用镇静催眠药或保健品,否则,长此以往,可能导致药物成瘾、依赖,甚至损害肝、肾。可以通过改变生活方式,合理安排工作、生活与文体活动,做到劳逸结合,保证心情舒畅及睡眠质量;饮食结构上要注意多食具镇静、安神、补益作用的食物,如平时多食核桃、大枣、小米、新鲜蔬菜、水果、干果、鱼、瘦肉等,睡前饮1杯热牛奶或蜂蜜水,不食刺激性、兴奋性、不易消化的食物。可以配合食用合欢花茶、粟米大枣粥等。

一病人近段时间睡眠不好,工作时精神萎靡、效率不高,临床各项检查无异常发现。对此单位领导及同事不理解,家人责怪。应如何正确引导?

单位领导、同事及家人由于缺乏医学知识,对病人的反常行为不理解与责怪是可以理解的,但这样会增加病人的精神负担,从而加重病情。因此,需要得到大家的理解、同情与帮助,以帮助病人克服困难,配合治疗,尽快康复。

>>> 温馨提示

中医认为脾胃不和则卧不安,所以晚餐不要吃得过饱。

六、健 忘

健忘是慢性渐进性智能减退性病变,是亚健康的早期信号,是身体衰老的标志之一。早检查、早预防、早治疗可以延缓智能减退,延缓衰老,防止痴呆发生。

何为健忘？

1.健忘可由用脑过度导致的脑缺血、缺氧,机体过度疲劳导致中间代谢产物累积、电解质与酸碱失衡、内分泌功能障碍,维生素、矿物质缺乏等原因引起。

2.健忘临床以记忆力减退、健忘为特征。进展缓慢、逐渐加重,出现智能衰退。

如何调控健忘？

1. 选择生活方式

● 积极用脑,锻炼记忆力。可利用情景与联想增强记忆;运用视、听增强记忆;将自己记住的东西尽快讲给别人听,并将记忆内容进行有效的反复重复以增强记忆。

● 合理安排工作生活,保持轻松愉快。

● 经常锻炼,保证大脑供氧,并多参加社交活动,保持良好的身心状态。

● 不吸烟、不喝酒。

2. 增加营养

● 适量多食花生、核桃、黑芝麻、葡萄、荔枝、龙眼等,健脑益智。

● 多食鱼类,特别是海鱼,健脑益智最好。

● 多食西瓜等水果,特别是橘子、橙子、柚子、金橘、柠檬等最适合本病。

● 忌食生姜、胡葱(见《名医别录》《证类本草》)、肥肉、油炸食品等。

> **温馨提示**
>
> 推荐药膳：①黑芝麻糊，填精补脑。②山药粥：山药与大米，加水煮粥。健脾利湿。③人参茶，益气健脾。④菊花茶，清肝、明目、醒脑。其他疗法：①干梳头、干洗脸，改善头部血液循环。②端坐、轻扣齿，日久可生津补脑。③按摩百会、太阳穴、风池、风府等穴位。疏通经脉。

3. 适宜的运动方式

● 在空气新鲜的树林中漫步及进行其他体育锻炼。

● 气功引导疗法。

人体各器官无论从功能上，还是结构上都会逐渐衰老，这是人类生命过程不可抗拒的自然规律。因此，许多人当发现自己或家人有记忆力下降、健忘时，不以为然。应该怎样进行健康管理？

应该让服务对象认识到健忘是慢性渐进性智能减退性病变，可以进展为痴呆，应及时进行干预。可选择适宜的生活方式，如通过积极用脑，锻炼记忆力；经常去空气新鲜的树林中漫步及进行其他体育锻炼、参加社交活动、劳逸适度，保持良好的身心状态。适量多食花生、核桃、黑芝麻、海鱼、橘子、橙子、柚子，忌食生姜、肥肉等。也可以服用黑芝麻糊、人参茶等药膳，或进行中医治疗，如当归芍药散、六味地黄丸等。

> **温馨提示**
>
> 营养学家认为营养不良影响大脑发育和智力提高，与健忘的发生密切相关，包括缺乏蛋白质、富含脂肪的食物、B族维生素及维生素C。因此，合理膳食有助于预防健忘。中医治疗可使健忘症好转，以补肾填精益髓为主。可用黄芪、人参、柏子仁、芍药、灵芝、天麻、钩藤、金钱蒲、小连翘、银杏、厚朴等。

七、妇女更年期综合征

更年期综合征是女性从生育期过渡到老年期的阶段。绝大多数妇女在更年期会出现更年期综合征。一般能自行缓解或经调控缓解,只有约25%的人症状较重,尤其是知识女性,需要治疗。

什么是更年期综合征?

1. 妇女更年期由于卵巢功能减退,性激素分泌减少,引起一系列以自主神经功能紊乱为主的症状。另外,体质因素、健康状态、社会环境及精神因素都与其发生有关。

2. 更年期妇女常见月经紊乱,伴疲乏无力、心烦气躁、面目及下肢水肿、潮热、出汗、心悸、头晕目眩、记忆力减退、关节肌肉酸痛、食欲不振、便秘、腹泻等。

如何调控更年期综合征?

1. 选择合适的生活方式
- 家庭布置应淡雅、宁静,睡眠应充足,情绪应稳定乐观。
- 生活要有规律,时间安排应合理充实,经常参加文体活动。

2. 调整饮食结构
- 适当多食黑豆、小米、山药;多食黄瓜、木耳、胡萝卜、芹菜、葡萄、桃、山楂;保证乳、蛋、瘦肉、鱼类的供给。
- 忌刺激、油腻食物及甜食,不饮浓茶、咖啡、烈性酒。

>>> **温馨提示**

推荐药膳：①佛手茶，长期引用能疏肝解郁、调理脾胃气机。②橘皮茶，长期饮用能健脾、化痰、理气，适用于更年期肥胖者。③枸杞菊花粥：枸杞子20克，白菊花20克，粳米50克，白糖少许，加水煮粥。经常服用能补肾清肝，对有心烦易躁、头晕眼花者有效。④合欢花茶。

3. 适宜运动方式

可随意选择运动方式，如跑步、球类、做操、跳舞等，也可以练习气功。

许多女性由于受外界环境的压力，对更年期综合征难以启齿。社会往往也认为妇女更年期综合征可以自愈，不需问津。应该如何进行健康管理？

首先解决认识问题。社会、家庭及亲友应理解和关心更年期综合征妇女，使她们减轻精神负担。更年期综合征妇女应主动、积极地寻求帮助，可通过选择生活方式、增加营养、适当运动进行调控。同时，可选择橘皮茶、枸杞菊花粥等药膳。必要时可遵医嘱给予少量雌激素和补钙。

>>> **温馨提示**

社会、家庭及亲友应理解和关心更年期综合征妇女，以减轻其精神负担。若更年期妇女症状严重可遵医嘱补充少量雌激素及坚持补钙。

八、高脂血症

高脂血症是血清或血浆脂质浓度超过最高限值。现代社会，许多人都有不同程度的高脂血症,甚至成了城市中常见的健康问题,但多数人是单纯的血脂升高,身体其他方面未出现问题。

何为高脂血症?

1. 原因

高脂血症有原发性和继发性两种。原发性与遗传缺陷有关;继发性者常发生于未控制的糖尿病、甲状腺功能减退、肾病综合征、胆道阻塞、脂肪肝、胰腺炎、痛风、酒精中毒、女性服用避孕药等。饮食不当、多静少动、心情不畅、年老体弱、身体肥胖等均可引发高脂血症。

2. 诊断

高脂血症是动脉粥样硬化的首要危险因素。做血生化检查,当血清或血浆中胆固醇、甘油三酯、磷脂等一种或多种成分浓度升高即可诊断为高脂血症。

如何调控高脂血症?

1. 选择合适的生活方式

- 控制饮食,适量进食,晚餐宜少,忌烟酒。
- 加强体育锻炼。
- 保持心情舒畅。

2. 调整饮食结构

这是基本治疗措施之一。

- 应减少脂肪、限制胆固醇食物的摄入;适量减少碳水化合物的摄入量;合理补充蛋白质;多食富含维生素、无机盐和纤维素的食物。
- 大蒜、茄子、香菇、木耳、洋葱、海带、大豆、茶叶、鱼类、山楂、芹菜、苹果、植物油可降血脂。
- 不吃油腻食物及甜食,各种肉类、乳蛋及动物内脏也应少吃。
- 食谱举例:

早餐:脱脂牛奶 250 毫升,玉米面发糕 100 克,拌莴笋丝 150 克。

午餐:馒头或米饭 100 克,香菇炖豆腐(香菇 25 克、豆腐 100 克),炒茄丝(茄子 100 克)。

晚餐：馒头或米饭 100 克，西红柿炒圆白菜（西红柿 50 克、圆白菜 100 克），清炖鸡块适量。

全日烹调用油 10 克，食谱总热量 1682 千卡（7.04 兆焦耳）。

▶▶ 相关链接

推荐药膳：①山楂菊花饮：山楂、菊花各 10 克，决明子 15 克，煎汤代茶饮。长期饮用能化痰、清热、活血。②海带绿豆粥：水发海带 50 克，绿豆 30 克，粳米 50 克，加水煮粥。经常服用可软坚清热。③燕麦粥，经常服用。

3. 多运动

多运动也是高脂血症基本治疗措施之一。

● 根据个人身体状况随意选择体育运动项目。

● 气功、太极拳对本病也有效。

当今社会，高脂血症必须引起全民重视。为防高脂血症造成危害，可以通过哪些方法进行健康管理？

通过健康普查发现高脂血症病人，尤其应对有高脂血症倾向的人群重点体检。开展健康教育，让更多的人掌握如何预防、调控及配合治疗高脂血症，尤其是饮食调控和运动调控，主张少食多动、科学膳食。在饮食与运动调控的基础上，必要时可根据医嘱进行药物治疗。

▶▶ 温馨提示

为防患于未然，凡有高脂血症家族史、肥胖、高血压、冠心病、糖尿病、脑卒中、肾脏疾病、皮肤黄色瘤、长期高糖饮食者，应尽早查血脂。一般人每 2 年检查一次；40 岁以上人每年查一次；高危人群或高脂血症病人应听从医生建议定期查血脂。高脂血症病人应坚持长期治疗，使血脂保持在正常水平。

九、临界高血压

临界高血压与高血压的诊断标准不同,血压介于高血压与正常血压之间。这部分人群数目无法统计,他们是高血压的危险人群。

何为临界高血压?

1. 病因

临界高血压与高血压的病因一样,可由遗传因素、肥胖、高盐饮食、饮酒引起,也可继发于某些疾病。

2. 标准

凡18岁以上,在未服用抗高血压药物的情况下,血压值(130~139)/85mmHg者为临界高血压者。

3. 中医征候

● 肝火炽盛型　头痛眩晕,目赤口苦,心烦气躁,尿黄便秘,舌红苔黄,脉眩数。

● 肝阳上亢型　头晕目眩,头重脚轻,急躁易怒,心烦失眠,舌红少苔,脉眩。

● 痰浊雍盛型　头晕沉重,昏蒙不清,胸闷不舒,呕吐痰涎,大便黏滞不爽,舌苔厚腻,脉眩滑。

● 阴虚阳亢型　头痛头晕,颜面潮红,心烦易怒,失眠多梦,肢体麻木,腰膝酸软,舌质红,苔少乏津,脉眩细。

● 阴阳俱虚型　头痛头晕,面色无华,心悸气短,神疲乏力,舌淡脉细。

如何调控临界高血压?

1. 非药物调控

包括减轻体重,增加运动,限制食盐,戒烟限酒,摄入含足够钾和钙的食物，减轻心理压力，克服不良情绪，生活规律。

2. 中成药调控

如清脑降压片、菊明降压丸、脑立清胶囊等。

3. 调整饮食

● 多食芹菜降压效果好。

● 肝肾阴虚者宜食荞麦、黑豆、白扁豆、土豆等甘凉平和食品。

● 肝阳上亢者多食小麦、绿豆等清热降火食品。

● 多食茭白、苦瓜、菠菜、西红柿等清肝宁心食品。

● 多食山楂、葡萄、芝麻、沙果、枇杷、松子等滋阴柔肝、平肝潜阳食品。

● 多食贝类、海蜇、乌贼、鲍鱼等滋阴益肾、清热平肝食品。

● 忌咸、熏、油腻、刺激性食物。

高血压无论从致病因素、发病机制、临床表现、治疗要点及护理等方面已被大家所认识，但对临界性高血压的知识往往匮乏，而他们是高血压易患人群，如果不加注意，他们中绝大多数人最终会发展成高血压病人。应该怎样加强对临界性高血压人群的健康管理？

开展健康普查，筛选有患高血压倾向的人群。然后对这部分人群进行定期回访，及时发现临界性高血压。再对临界性高血压病人进行健康教育，提高其对临界性高血压危险性的认识，进行非药物调控、中成药调控及饮食调整。最后对已经发展成为高血压的病人，指导其进行长期规范的药物治疗和非药物治疗。

>>> 温馨提示

为防患于未然，凡有高血压病家族史，肥胖，长期吸烟及饮烈酒，高盐饮食，长期服用避孕药，长期接触如噪声等有害因素，及从事高度精神紧张工作的职业，高危地区等人群都应定期体检。

十、糖耐量异常

糖耐量异常是指人体对糖代谢调节异常。糖耐量异常属于亚健康状态,可暂不做临床干预,但因糖耐量异常是糖尿病的早期信号,糖尿病的发病率在快速增加,所以,对糖耐量异常者应注意捕捉可疑信号。

何为糖耐量异常?

当糖代谢紊乱时,口服一定量葡萄糖后血糖急剧升高,经久不能恢复至空腹水平,或血糖升高虽不明显,但在短时间内不能降至原来水平,称之糖耐量异常。

一般来说,糖耐量异常临床没有任何症状。服糖后 2 小时,血糖值为 7.8～11.1mmol/L。

如何调控糖耐量异常?

1. 选择合适的生活方式
- 生活规律,保证睡眠充足。
- 注意个人卫生,避免各种感染。
- 坚持体育锻炼,避免肥胖,改善代谢状况。
- 保持心情舒畅。

2. 控制饮食
- 控制碳水化合物摄入量,降低脂肪摄入比例,对改善糖耐量有较好的效果。
- 豆类、玉米、燕麦、苦瓜、香菇、木耳、胡萝卜、油菜、菠菜、芹菜、冬瓜、黄瓜,以及西瓜子、南瓜子、葵花子,都有降糖作用。
- 忌各种甜食、烟酒。

> **温馨提示**
>
> 推荐药膳：①乌梅茶：用乌梅肉 15 克，沸水冲泡代茶饮。能清热、生津、止渴。②柿叶茶：柿树叶 15 克，沸水冲泡代茶饮。能滋阴清热。③玉米须茶：玉米须 30 克，参须 5 克，沸水冲泡代茶饮。能滋阴清热。④枸杞子粥：枸杞子 20 克，糯米 50 克，加水煮粥。经常服用，能滋阴、补肾、清热。⑤玉米粉粥，是糖耐量异常的健康饮食。

3. 适宜运动方式

各种体育运动均可选择，但不可剧烈运动。可选择步行，餐后半小时进行，每日 2 次，每次 30 分钟。慢跑，按每分钟 90 米的速度进行，循序渐进。

糖尿病高发病率、高致残率，很大程度上取决于人们对糖尿病知识的缺乏。因此，对糖耐量异常更是无人问津。对糖耐量异常人群的管理直接关系到糖尿病的发病率。请对糖耐量异常提出自己的管理办法。

普遍开展糖尿病知识健康教育；进行糖耐量普查；对糖耐量异常人群进行调控，并教会其自我管理。

> **温馨提示**
>
> 一般认为，糖耐量异常可暂时不做临床干预，但要注意捕捉一些可疑信号。

十一、隐性贫血

隐性贫血指客观检查将近或刚达诊断标准，但临床无症状。据调查:我国 4 个城市 7 岁、9 岁、12 岁 3 个代表年龄组共 36000 人,7 岁儿童贫血率达 42.1%(男)和 44.8%(女),随年龄增大患病率逐渐降低,至 12 岁仍达 27.0%(男)和 32.9%(女)。因此,儿童隐性贫血相当普遍,婴幼儿、学龄儿童、孕妇是主要易患人群。

何为隐性贫血?

1. 隐性贫血的原因

婴幼儿生长发育迅速、对铁的需要增加而摄入不足或患消化道疾病影响吸收;早产、双胎、低体重儿出生后 6 个月未及时添加副食、患慢性感染性疾病、母亲在孕期或哺乳期有严重贫血;膳食结构中缺少铁的成分。

2. 隐性贫血标准

隐性贫血指血红蛋白降至正常值以下(男 150g/L 以下,女 110g/L以下),属轻度贫血。

3. 隐性贫血的危害

可过渡为缺铁性贫血,并导致生长发育迟滞、生理功能减退、体质下降、妨碍智力发育。

如何调控隐性贫血?

1. 选择合适的生活方式

● 加强孕妇、哺乳期妇女的营养保健,定期检测。

● 家长应了解相关保健知识。调整饮食结构,及时添加副食,纠正孩子偏食、挑食、临食废箸习惯,定期检查孩子皮肤黏膜色泽及检测血红蛋白含量。

2. 调控饮食

● 增加含铁丰富的饮食,如猪肝、动物血、瘦肉、鱼、蛋黄、黑木耳、桂圆、虾米、绿豆、芝麻、大豆、红小豆、小米等。

● 忌饮茶、喝咖啡。

> **相关链接**
>
> 推荐药膳：①红枣莲子羹，经常食用能健脾生血。②猪肝桂圆汤：放桂圆肉10克于猪肝中煮汤。经常食用能健脾生血，补益气血。③黄芪乌鸡汤：放黄芪20克于1只鸡中炖煮。能健脾生血，补益气血。

3. 适宜运动方式

运动方式不限，应注意多动，做到动静结合。

隐性贫血以小学生多见，其他年龄段贫血者也在增加，危害性较大。应提高人们对贫血的知晓率，并采取预防措施。从你做起，该如何做？

健康教育的对象主要是青年夫妇及年轻的家长。健康教育的内容主要是孕期、哺乳期及中小学生膳食及饮食习惯指导。如膳食中应尽量增加动物性蛋白食物，尤其是猪肝、瘦肉、蛋黄等铁生物利用率较高的食品；早产、双胎、低体重儿出生后6个月应及时添加辅食；应纠正偏食、挑食、吃零食甚至以零食代主食的习惯。

十二、高科技病

高科技病是一组现代病症，发病与高科技工作、高科技生活有关。

何为高科技病？

1. 科技压力综合征

属心理疾病，与紧张和压力有关，从事电脑操作的女性多见。它需要经过相当一段亚健康状态才出现临床症状。主要表现为因眼睛和肩膀等部位的慢性疲劳而引起失眠等症状。

2. 电脑综合征

许多经常操作计算机的人,出现头昏头痛、恶心呕吐、眼睛发胀、心悸失眠、食欲下降、消化性溃疡、高血压、烦躁易怒、思维迟钝、疲劳焦虑、月经失调等。长时间在电脑荧光屏前工作,还可能导致面部皮疹、白内障、光敏、癫痫、颈椎病、肩周炎、腰肌劳损、神经衰弱、眼睛干涩等。其与计算机产生的电磁辐射、电子粉尘污染等有关。

3. 电视病

长时间看电视,引起近视、夜盲症、青光眼,甚至视网膜萎缩;姿势不良引起颈椎病;为了看电视吃饭狼吞虎咽引起消化不良或胃病;边看电视边吃饭引起肥胖;沉迷电视而打乱生活规律,出现头痛头晕、失眠多梦、记忆力下降等;激情电视引起兴奋、紧张或悲哀,引起心脑血管疾病突发,都是电视病的范畴。

如何调控高科技病?

1. 对存在科技压力综合征危险的人群,应在工作之余注意适当休息,并积极与人交往,在出现异常之前就进行心理调节。

2. 对有可能出现电脑综合征的人群,建议使用电脑保护屏;操作时间不要过长,防止视疲劳;休息时最好用热水洗脸,吃些水果;使用液晶显示屏能将辐射降至最低。

3. 看电视应注意

● 高度　平视或稍俯视电视为好。

● 距离　以荧光屏的高度对角线为标准,在其4～5倍距离范围内为好。

● 方向　正面最好。

● 亮度　宜图像清晰、明暗适中、层次分明、光纤柔和、眼睛不感疲劳为度。

● 照明　看电视时用5～8瓦红色灯光照明为宜。

● 时间　每次看电视不要超过2小时,学龄前儿童不超过半小时,中、小学生不超过1小时。

● 营养　经常看电视的人应补充维生素A。

高科技病可带来很多危害,如果不引起足够的重视,发病的人数会越来越多。请对一位经常长时间看电视的儿童进行健康指导。

给儿童安排丰富多彩的娱乐活动;遵循看电视保护"七注意",特别注意每次看电视时间不超过半小时。

>>> 温馨提示

> 如果一个儿童从8岁起就迷恋电脑,那么10年后,他可能就会成为电脑综合征病人,同时出现严重的视力损害。长此以往,还可能出现儿童孤独症、自闭症、缄默症、忧郁症等。

十三、慢支的预防保健

慢支是发生在气管、支气管黏膜及其周围组织的慢性非特异性炎症。本病是常见病,人群患病率为4%,多见于中老年人,50岁以上可高达13%。北方、农村、山区是高发区。

何为慢支?

1. 与吸烟、呼吸道感染、年龄增大、寒冷气候、营养不良、住房拥挤、大气污染等因素有关。

2. 临床特征是慢性咳嗽、咳痰或伴有喘息及反复发作。可以发展成为慢性阻塞性肺气肿及慢性肺源性心脏病。

如何调控慢支？

1. 预防

- 戒烟
- 寒冷季节应注意保暖,预防感冒。
- 生活要有规律,避免过度劳累。
- 锻炼身体 选择散步、打太极拳、慢跑等有氧运动方式。
- 保护环境,创造清洁、空气清新、温度适宜的居住环境。
- 改善营养状态,饮食中蛋白质和维生素的含量应充足。

2. 日常保健

除涉及预防措施内容以外,应特别注意:

- 调节饮食 寒冷季节应补充热量高的暖性蛋白质,如羊肉、狗肉等,对新鲜蔬菜水果的选择,应确保满足维生素 C 和维生素 A 的供给。不食寒凉、刺激、油腻食物及海腥发物,如有过敏因素者应注意鱼、虾、蛋、鲜奶等可能成为过敏源的食物。可适量饮茶。
- 耐寒训练 可用按摩法。如用手摩擦头面部及上下肢暴露部位,每次 5 分钟,每日 3~5 次;以食指轻轻按摩迎香穴(位于鼻唇沟止于鼻翼处)每次 1~3 分钟,每日 2 次;双手掌心按摩风池穴(颈部颈肌两旁的凹窝中)每次 30~60 下,每日 2~3 次。
- 腹式呼吸 预防阻塞性肺气肿及慢性肺源性心脏病的发生。方法:用鼻深吸,用口缓呼,吸气时腹部尽量隆起,呼气时腹部尽量凹陷,每次 10~20 分钟,每日 2~3 次,以改善肺功能。
- 家庭氧疗 家庭氧疗可以改善有肺通气功能障碍的慢阻肺病人慢性严重缺氧症状。可选用氧气筒、氧气袋、小型便携式制氧机等,给予 1~2L/分钟的氧流量持续吸入,每日吸氧 10~15 小时。

请为一位老年慢支肺功能下降病人提供促进康复的处方。

①饮食调整:饮食清淡易消化;不食鸭鹅肉,适当多食羊肉及狗肉等暖性蛋白质;多食富含维生素 C 的新鲜蔬菜和水果,及富含维生素 A 的胡萝卜。②耐寒训练:用手摩擦头面部及

上下肢暴露部位,每次 5 分钟,每日 3~5 次。③腹式呼吸训练:采用鼻深吸,用口缓呼,吸气时腹部尽量隆起,呼气时腹部尽量凹陷,每次 10~20 分钟,每日 2~3 次,以改善肺功能。④家庭氧疗:用小型便携式制氧机,给予 1~2L/分钟的氧流量持续吸入,每日吸氧 10~15 小时。

> **温馨提示**
>
> 慢支病人痰积支气管内,引起反射性咳嗽、咳痰,一般在晨起和睡前较重。应及时将痰液咳出,否则易导致感染。

十四、冠心病的预防保健

冠心病是缺血性心脏病,是冠状动脉粥样硬化使管腔狭窄、阻塞,引起心肌缺血、缺氧或坏死。冠心病是中老年人的常见病,危险性大。以往冠心病在我国不多见,近年来,随着人民生活水平的提高和平均期望寿命的延长,本病已成为导致人口死亡的主要原因之一。

什么是冠心病?

1. 冠心病的主要危险因素

脂质代谢异常是最主要的危险因素。另外,年龄大,男性,血压增高,吸烟,糖代谢异常,肥胖,脑力劳动多而体力活动少,高热量、高糖、高脂、高盐的饮食习惯,A 型性格,遗传因素等均可导致冠心病。

2. 心绞痛是冠心病的常见类型

多数人形容为"胸部压迫感""闷胀感"和"憋闷感",部分病人感觉向左肩、背部、颈部或咽喉部放射,经休息或服硝酸甘油缓解。

3. 心肌梗死是冠心病的严重表现

胸痛严重而持久,休息或服硝酸甘油无效。老年人有时胸痛不典型或不痛,表现胃肠道症状或出现心源性休克、心律失常、心力衰竭等。

如何调控冠心病?

1. 预防

主要是积极避免可干预危险因素的发生。

- 坚决戒烟。
- 合理膳食 应从儿童做起,主要是避免摄入高脂肪、高胆固醇、高糖食物,防止高脂血症。多食鱼类、新鲜蔬菜和水果。
- 维持血压在正常水平。
- 保持良好的心态,克服性格弱点。
- 减轻摄入量并坚持适量运动,保持体重在正常范围内。
- 积极防治糖尿病,维持血糖在正常范围内。

2. 日常保健

- 饮食 坚持低盐、低脂、低胆固醇,高维生素、高纤维素及优质蛋白质是冠心病病人的饮食原则。限制食量,有助于减轻体重及减轻心脏负担;多食大豆、花生、洋葱、茄子、菇类和食用菌、藻类,有助于降低血脂、扩张血管、防止血栓形成;少食动物内脏、脑、蛋黄、鱼子等高胆固醇食物;忌食高糖食物,防止甘油三酯增高;控制盐的摄入量,限制饮酒量。

>>> **相关链接**

> 推荐食疗:①海带粥:水发海带25克,与粳米煮粥。经常食用有降压、降脂作用。②海藻黄豆汤:海带、海藻各30克,黄豆150~200克,煮汤。经常食用有降压、降脂作用。

- 运动 根据自身身体条件、兴趣爱好选择体育运动,应量力而行,既减肥又增强心脏储备功能。但绝不能选择划船、双杠、举重、攀登、羽毛球等竞技运动项目,以免增加心脏负担,甚至诱发心绞痛或心肌梗死。

● 治疗 坚持药物治疗,包括对高血压、糖尿病、高脂血症的控制。

● 保健盒 保健盒内应备有硝酸甘油、消心痛等药物。应注意:保健盒内每个药瓶只能装一种药,不得混装,防止忙中出乱;要经常检查盒内药物是否齐全、变质、失效,破碎的及时更换;详细阅读药物说明书;保健盒应闭光、干燥,随身携带,放在固定的衣服口袋里,家里人也应该知道,晚上睡觉放在随手可取处;心绞痛发作时除立即服保健盒内药品外,还应就地休息。

请为一位冠心病心绞痛型病人提供运动处方。

选择有氧运动,如散步、打太极拳、跳舞、打乒乓球等;循序渐进,运动量取决于运动中反应,如运动中病人出现呼吸困难、胸痛、心悸、疲劳等不适症状,应立即停止运动,必要时舌下含服硝酸甘油,运动量应相应减小;每周至少运动 3 次,每次至少 30 分钟;运动前要进行热身,必要时先服用硝酸甘油;饱餐后、寒冷天气及身体状况不佳时暂不外出运动。

>>> 温馨提示

冠心病病人一定要戒烟、限酒、合理饮食、适度运动;一定要随身携带保健盒;胸痛不缓解应及早呼叫"120"去医院急诊。

十五、脑血管病的预防和日常保健

脑血管病是脑部动脉或支配脑的颈部动脉发生病变,引起颅内血液循环障碍,脑组织受损的一组疾病。急性脑血管病多见于中老年人,病情严重,致残率、病死率高,而且随年龄增加患病率、发病率明显升高。

什么是脑血管病?

1. 脑血管病的危险因素

高血压、糖尿病、心脏病、短暂性脑缺血发作、脑卒中、年龄增加,遗传因素,高脂血症和肥胖,吸烟和酗酒,血液流变学异常均可引起脑血管病。诱发因素有情绪激动、过度劳累、气候变化、烟酒刺激等。

2. 脑血管病临床表现

发病前常有突然眩晕是极为常见的表现,还有突发头痛、步履蹒跚、哈欠不断、鼻出血、血压突然升高、半身麻木、耳鸣等先兆表现。临床表现主要有不同程度的意识障碍、语言障碍、感觉障碍、运动障碍等。

如何调控脑血管病?

1. 预防

- 控制情绪,避免过度紧张和疲劳。
- 节制饮食,做到规律、定量,少食肥肉、辣椒、生葱、大蒜等,多吃新鲜蔬菜和水果。
- 生活规律,劳逸结合。
- 节制性生活。
- 保持大便通畅。

2. 日常保健

- 饮食结构　饮食要有节制,切忌过饱,以七八成饱为宜;限制高胆固醇食物的摄入,如肥肉、动物脂肪、动物内脏、奶油及鱼子等,烹调用植物油;饮食要多样化,忌偏食;盐要适量、少吃甜食;适当多食黑木耳、洋葱、芹菜、番茄、苹果、胡萝卜、韭菜、油菜及豆制品等；戒烟、戒酒。

● **适宜运动** 可选择太极拳、瑜伽、登山运动等项目，禁止功率自行车、划船器、举重、俯卧撑等运动项目。

● **避免诱发因素** 如情绪激动、过度用力、饮酒等。

● **坚持药物治疗** 在医生指导下，服用少量抗血小板聚集药物及活血化瘀药物，以减少血小板聚集和增进正常的血液流动；积极治疗高血压、糖尿病、心脏病、短暂性脑缺血发作、脑卒中、高脂血症等，去除脑血管病发生的危险因素。

● **警惕早期症状** 当脑血管病病人出现头痛、头晕、说话不清、手指不灵、肢体麻木等早期症状，及时到医院检查及治疗。

脑血管病病人可能在恢复期出现与首次发病同样的症状，如头痛、头晕、视力模糊、说话不清、偏瘫及偏麻等。作为健康管理者应考虑的问题是什么？

再次出现这些症状属脑血管病复发。应在恢复期，除积极采取康复措施外，注意治疗原发病或去除危险因素，以防止复发。

>> **温馨提示**

> 脑血管病的健康管理很大程度上是预防及争取早期处理。应注意：①只存在1种或几种危险因素，而没有脑血管病先兆表现，应针对先兆表现进行预防。②如果在危险因素的基础上出现脑卒中表现，或短暂性脑缺血发作，要立即去医院进行早期诊断和早期治疗。③如已经脑卒中，马上就医。另外，应重视脑血管病的复发。

十六、糖尿病的预防和日常保健

糖尿病是慢性血葡萄糖水平增高为特征的代谢疾病群，由胰岛素分泌缺陷和(或)作用缺陷,引起碳水化合物、蛋白质及脂肪代谢异常,久病可导致多系统受到损害。糖尿病是常见病、多发病,是发达国家继心血管病和肿瘤之后的第三大非传染性疾病,给社会和经济带来沉重的负担。目前,我国现有糖尿病病人数量居世界第二,2型糖尿病的发展正趋向低龄化。

何为糖尿病?

1. 病因

糖尿病可能与遗传、精神紧张、肥胖、饮食过多、病毒感染、多次妊娠等因素有关。

2. 糖尿病的危险人群

有肥胖、家族中有患糖尿病的一级亲属(如父母等)、妊娠糖尿病史或巨大胎儿分娩史($\geqslant$4千克)、高血压、高密度脂蛋白降低($\leqslant$0.9mmol/L)、甘油三酯增高($\geqslant$2.8mmol/L)、曾有空腹血糖升高或葡萄糖耐量异常者。

3. 糖尿病典型表现

糖尿病典型表现主要是血糖升高导致的"三多一少"等代谢紊乱的表现;也有相当一部分病人因各种并发症或伴发病而就诊,如糖尿病酮症酸中毒、各种感染、心脑血管病、糖尿病肾病与视网膜病变、神经病变、糖尿病足等;有的2型糖尿病病人可以反应性低血糖为首发表现。

4. 老年糖尿病的特点

老年糖尿病病人一部分来自进入老年期的糖尿病病人,另一部分发病于60岁以后。特点有发病率高,2型糖尿病为主,常无"三多一少"症状,常在患糖尿病数年后才得到诊断,易引起并发症。

如何调控糖尿病?

1. 预防

指采取有效措施防止糖尿病的发生。

- 采取有效措施及时发现糖尿病高危人群。
- 纠正肥胖。
- 避免高脂饮食。
- 正性情绪应多于负性情绪。
- 饮食热量合理,满足体重、工作及生活能量需要。
- 避免和减少服用对糖代谢不利的药物。
- 增加体力劳动或进行体育活动。

2. 日常保健

- 健康教育　通过健康教育使糖尿病高危人群多了解糖尿病常识,定期体检,以及早发现、及早治疗糖尿病,降低代价。
- 心理指导　良好的心态对糖尿病的预后有积极作用。应正确对待糖尿病,既重视又不惧怕,以积极的态度进行自我保健。
- 饮食控制　糖尿病的饮食控制要求:固定热量、均衡营养、控制血糖、改善血脂。饮食原则:
  ◎ 主食以米、面为主,玉米面、燕麦等粗杂粮对控制血糖有利。
  ◎ 蛋白质以豆类为好,可部分代替肉等动物性脂肪。
  ◎ 在控制热量期间,如有饥饿感,可多食一些含糖量低的蔬菜。
  ◎ 禁食白糖、红糖、葡萄糖及糖制甜食,含碳水化合物较多的马铃薯、山药、红薯、藕、蒜苗、胡萝卜等也应少食或食后相应减少主食量。
  ◎ 忌食富含饱和脂肪酸的食品,如动物油、奶油、黄油等,可用植物油代替部分动物油,花生、核桃、芝麻、瓜子含脂肪也较多,应不吃或相应减少油类摄入。
  ◎ 蛋黄和动物内脏胆固醇含量高,应少吃。
  ◎ 在血糖、尿糖相对稳定时,如空腹血糖<7.8mmol/L,或餐后2小时血糖<10mmol/L,可在两餐间或睡前食用水果,但应按等量减少主食量。
  ◎ 不宜饮酒。

● 适宜运动　糖尿病病人适合进行有氧运动。

◎ 运动项目　可选择散步、慢跑、打太极拳、骑自行车、跳绳、游泳、跳健身操等。

◎ 注意事项　运动应持之以恒、循序渐进；最好在餐后1小时运动；应随身携带易消化的甜食，待有饥饿感时立即食用；凡伴有心功能不全、冠脉供血不足、严重眼底病变、肾损害、严重高血压、糖尿病足、关节病变、经常头晕、反复低血糖发作、活动后心律失常加重、发生急性并发症、血糖显著升高者，应尽量减少运动。

一位2型糖尿病病人近日空腹血糖及尿糖增高，经询问吃了较多的西瓜。应怎样加以指导？

西瓜含糖虽少，但多食仍然会致血糖升高。一般来说，摄入500克西瓜，就相当于食糖25克。为避免多食西瓜等水果致血糖升高，应等量减少主食。

>>> 温馨提示

糖尿病的预防保健贵在持之以恒。糖尿病病人食用水果应注意：①水果中含葡萄糖、蔗糖、果糖，代谢果糖不需要胰岛素的参与。而且，水果中含大量的维生素、纤维素和矿物质，对糖尿病病人有益。因此，糖尿病病人血糖控制后可适量食用水果。②糖尿病病人可食用每百克水果含糖量在10克以下的食物，主要有青梅、西瓜、甜瓜、椰子汁、橙子、柠檬、葡萄、桃、李、枇杷、菠萝、草莓、甘蔗、樱桃、橄榄等。而香蕉、石榴、柚橘、苹果、梨、荔枝、芒果等，因每百克水果含糖量11~12克，应慎用；枣、红果，特别是干枣、蜜枣、柿饼、葡萄干、杏干、桂圆等，含糖量更高，应禁用。不少蔬菜可代水果食用，如番茄、黄瓜、菜瓜等，每百克含糖量在5克以下，又富含维生素，可以推广食用。

十七、颈椎病的预防保健

颈椎病又称颈椎综合征,是由于人体颈椎间盘逐渐发生退行性变、颈椎骨质增生或颈椎正常生理曲线改变后刺激或压迫颈神经根、颈部脊髓、椎动脉、颈部交感神经而引起的一组综合症状。颈椎病多发生于长期伏案工作或进行电脑操作者。

何为颈椎病?

1. 颈椎病的病因

导致颈椎病的病因为颈椎管先天狭窄、先天性颈椎畸形等先天因素;慢性劳损及急性损伤或炎症。

2. 颈椎病分四型,不同类型临床表现不一

神经根型主要表现上肢麻木、疼痛和肌力减退,颈肩部疼痛;椎动脉型主要引起恶心、耳鸣、视力障碍、头晕,甚至一过性晕厥;颈型主要引起颈部疼痛及活动受限;脊髓型主要表现四肢活动受限,甚至痉挛、麻痹,严重者瘫痪。

如何调控颈椎病?

● 凡有其一项者即为颈椎病。后颈部疼痛,用手向上牵引头颈可减轻,而向下加压则加重(大多为颈型)。颈部疼痛的同时,伴有上肢放射性疼痛或麻木(多为神经根型)。闭眼时,向左右旋转头部,引发偏头痛或眩晕(多为椎动脉型)。颈部疼痛的同时,伴有上肢或下肢无力及疼痛(多为脊髓型或合并颈椎椎管狭窄)。低头时,突然引发全身麻木或有"过电"样感觉(多为脊髓型,尤其合并严重颈椎椎管狭窄)。

● 凡有其一两项者,仅可能为颈椎病,需进一步明确诊断。单纯性颈部不适,颈部置于任何位置都不舒服(可能为颈型颈椎病)。

原因不明的上肢麻木,尤其是指尖明显(可能为脊神经根根型颈椎病)。手指有放射性疼痛(可能为脊神经根型颈椎病)。好像身上被布带缠绕一样(可能为脊髓型颈椎病)。手中持物突然落下(可能为脊髓型颈椎病)。

1. 预防

● 保持乐观向上的好心情。

● 加强颈肩部肌肉的锻炼,经常做头颈部前曲、后伸及旋转运动。

● 避免高枕睡眠。

● 注意颈肩部保暖,避免头颈部负重,坐车时不要打瞌睡。

● 劳动或走路时注意自我保护,防颈、肩、背软组织损伤。一旦损伤应及早、彻底治疗。

● 长期伏案工作者,应经常改变头部位置,做颈、肩部肌肉锻炼。

● 谈话、看书时应端正头、颈、肩、背的姿势,不要偏头耸肩,要正面注视,保持脊柱正直。

2. 日常保健

● 颈部自我按摩 先右手指弯曲,由上到下、由轻到重拿捏颈肌3~5遍,然后再用左手按同样的方法做一遍。用左手捏右侧颈肩部3~5遍,再用右手捏左侧颈肩部3~5遍。双手拇指按揉风池穴(后发际颈椎两侧凹陷处),半分钟后有酸胀感。颈部前曲后伸,左右侧屈。做头部环绕运动,顺时针转一圈,逆时针再转一圈。

● 挑选合适的枕头 仰卧,不让颈部悬空;(肩宽－头宽)÷2＝枕头的高度;将枕头移至肩与枕后粗隆之间入睡,坚持1~2小时即可,每日1~2次;枕头应呈长圆柱形,断面直径15cm,内装荞麦皮为好。

● 工作中的保护 电脑屏幕与眼睛保持适当距离,平视屏幕,或稍俯视;桌面最适合的高度是到胸骨中下三分之一处或第二、三纽扣处;工作期间要每隔一定时间起来活动、走动;凳子要低一些;防止头低得太厉害。

● **适宜运动** 选择颈项牵引练习颈部的伸屈与旋转功能。方法:①先正立,双目向左后方看,两手撑腰。练习时,头颈向右转,双目向右后方看;还原至预备姿势;再向左侧重复以上动作并还原。低头看地,以下颌能触及胸骨柄为佳;还原至预备姿势。头向后仰、还原。动作易缓慢进行,以呼吸一次做一个动作为宜,各做两次。②往后转头预备姿势同上。头颈向右转,双目向右后方看;还原至预备姿势;再向左侧重复以上动作并还原。动作要配合呼吸,缓慢进行。③回头斜望,预备姿势同上。头颈尽力向右后方转,上身也随同略向右转,双目转视右后上方,仰望天空;还原至预备姿势;方向向右后方重复以上动作并还原。呼吸一次做一个动作。轻症病人还可以加练侧弯动作。椎动脉型易眩晕,可暂停练习头向后转及回头斜望动作。

请为一位患颈椎病椎动脉型的女教师制定健康管理措施。

保持乐观情绪;挑选合适的枕头睡眠;发作时暂停骑自行车、编织及需要长时间低头的活动及家务劳动等;注意工作中的保护,如平视电脑屏幕,办公桌面平齐第二纽扣、凳子稍低一些,工作时经常起来走动;在医生的指导下进行保守治疗;颈部自我按摩;选择颈项牵引练习,但不做头向后转及回头斜望动作。

>> **温馨提示**

颈椎病康复较慢,重在预防:①保持良好的体位。看书或手机时,要经常改变体位;坐的时候,应抬头挺胸,不要缩成一团。②提醒自己做颈椎操。对于久坐者,做颈椎操是最好选择,做的过程中要注意避免用力过度。③积极参加体育运动。例如游泳、打羽毛球等,适当运动是预防颈椎病的好办法。④适当枕高。枕头的角度对颈椎也有较大影响,枕头高度选择的原则是"仰卧底,侧卧高",枕头应垫在颈部,避免颈下空虚。

十八、骨质疏松症的预防保健

骨质疏松症是骨组织显微结构受损,骨矿物质成分和骨基质等比例不断减少,骨质变薄,骨小梁数量减少,骨脆性增加和骨折危险性升高的一种全身骨代谢障碍的疾病。原发性的骨质疏松症较多见,多见于绝经后女性及老年人。老年男性患病率为60.72%,老年女性为90.47%。

什么是骨质疏松症?

1. 骨质疏松的并发症

● 疼痛是原发性的骨质疏松症最常见的并发症。腰背痛多见;直立时后伸或久立、久坐时重,而仰卧或坐位时轻;夜间或清晨醒来时重,日间轻;弯腰、咳嗽、用力、肌肉运动时重。

● 身长缩短、驼背,在疼痛后出现。

● 骨折是最严重的并发症。

● 呼吸功能下降见于胸腰椎压缩性骨折、脊柱后弯、胸廓畸形者,出现胸闷、气短、呼吸困难等症状。

2. 骨质疏松自测

以下问答,如果您选择5项以上,请尽快去医院检查骨密度,确诊是否存在骨质疏松症。

● 您是否受到轻微碰撞或跌倒就发生髋骨骨折?

● 您是否曾经因为轻微碰撞或跌倒就伤及骨骼?

● 您经常连续3个月服用可的松、强的松等激素类药物吗?

● 您的身高是否降低了3厘米?

● 您经常过度饮酒吗?

● 您每日吸烟超过20支吗?

● 您经常腹泻吗?

- 女士：您是否在45岁之前就绝经了？
- 女士：您曾有过连续12个月以上没有月经(除孕期)？
- 男士：您是否患有勃起功能障碍或缺乏性欲的症状？

如何调控骨质疏松症？

1. 预防

- 检测骨密度　定期检测骨密度是最佳预防方式。一般女性从40岁以后，男性从45岁以后，特别是绝经后的女性，每年应1～2次检测骨密度及其他骨代谢评价项目和骨转换生化指标。
- 调整饮食结构　保证每日补钙。应多吃牛奶、乳酪等乳类食品，鸡蛋，豆制品，虾米、含骨小鱼、蚌类等海鲜类，紫菜、海藻、芝麻、金针、咸菜干等蔬菜植物类。
- 运动　运动量为每周至少3次。

2. 日常保健

- 饮食　合理安排饮食并持之以恒：多摄入含钙、磷、维生素及蛋白质丰富的食品；主食以米、面、杂粮为主，品种应多样、粗细搭配；可适当吃钙强化食品、药膳；钙补充剂应于饭后马上服用或餐中服；应改变不良生活习惯，如饮酒，喝浓茶、咖啡及碳酸饮料，吸烟等；饮食适量，最好忌食辛辣食物。
- 运动　选择步行、跑步、上下楼梯等运动项目，强化骨组织。
- 生活起居
  ◎ 骨骼疼痛时可热敷15分钟，然后做伸展和放松运动。
  ◎ 站要挺胸收腹，肩向后伸展；坐要挺腰收颈，双脚触地，椅高及膝；睡要腰背平伸，枕头承颈椎，板床加硬褥。
  ◎ 起床时先侧卧，手撑床，挺身省力。
  ◎ 注意居家安全，包括活动场所的光线充足、无障碍物、地面防滑等，防止摔跤。
  ◎ 穿宽底、平跟、底有粗粒的防滑鞋。
  ◎ 不参加剧烈运动，不进行上下跳，活动时转颈、转身、弯腰动作不宜太猛。

● 心理调适日益受到重视。

请为骨质疏松症好发人群进行健康管理。

对40岁以上女性、45岁以上男性进行每年1～2次的骨密度检测及其他骨代谢评价和骨转换生化检测,并教会好发人群进行自我检测。对好发人群及骨质疏松症人群进行饮食补钙、钙质补充剂、运动及心理指导。

>>> 温馨提示

运动原则:阳光充足、量力而行、由热起身、由浅入深、平路步行、循序渐进。补钙及运动由医生指导。饮食补钙方法:煮肉或骨头汤时应加少量醋;烧菜时经常加入乳酪或豆腐;制面包或甜点时加些脱脂奶;用氯化钙代替盐腌制蔬菜。

十九、脂肪肝的预防及日常保健

脂肪肝是各种原因导致肝内脂肪堆积过多的病变。

何为脂肪肝?

1. 轻度脂肪肝多无症状,有的人会出现疲乏感,往往在健康体检中发现。

2. 中重度脂肪肝有类似慢性肝炎的表现,如食欲不振、疲乏无力、恶心呕吐、体重减轻、右上腹隐痛等。

3. 重度脂肪肝可出现腹水和下肢水肿现象。

如何调控脂肪肝?

1. 预防

● 饮食　应注意三大营养素的合理搭配,做到增加蛋白质摄入量,重视脂肪质和量,适量食用含糖食品。饮食应注意控制热量,以体重降至标准体重为目标。因此,应多吃副食,限制主食和脂肪类食品,不吃或少食甜食、油炸食品及肉汤、鸡汤,不吃动物内脏、蛋黄等胆固醇食物。戒酒,实行一日三餐。

▶▶ 温馨提示

> 推荐脂肪肝治疗药膳:①鱼脑粉:将鱼脑或鱼子粉3~5克,用温开水冲服。②骨头海带汤:将动物脊骨与海带丝炖汤、调味即可。③玉米须冬葵子赤豆汤:用玉米须60克,冬葵子15克水煎取汁,入赤小豆100克煮汤,加白糖适量,食豆饮汤,每日2次。适合水湿停滞型脂肪肝患者。

● 运动　多运动,方式不限,有一定强度,坚持不懈,以预防体重增加为目的。

2. 日常保健

在继续采用饮食预防的基础上,应注意:

运动治疗　脂肪肝病人主要选择有氧运动,如慢跑、中快速步行(115~125步/分钟)、跳绳、跳舞、游泳、拍皮球、踢毽子、打羽毛球、骑自行车、上下楼梯、爬坡等,达到促进肝内脂肪消减及减肥的目的。以每周运动3~5次为宜,如果运动后的疲劳感不持续到第二天则可每日运动。运动强度以达到呼吸加快、微微出汗后再坚持一段时间为宜,也可以运动时脉率为100~160次/分钟(170-实际年龄),持续20~30分钟,运动后疲劳感于10~20分钟内消失为宜。

脂肪肝的临床表现轻重不等。如出现食欲不振,疲乏无力,恶心呕吐,体重减轻,肝区疼痛,发热,突发心绞痛,头晕头痛,一侧肢体、面部、口角麻木,耳鸣,呼吸困难,咳嗽,咯血,晕厥等,其病情轻重如何?应该如何处理?

病情较重,应该立即就医。待病情好转后在遵医嘱继续治疗的基础上,加强脂肪肝的日常保健,包括饮食、运动保健和药膳。

二十、痛风的预防保健

痛风是由于嘌呤代谢紊乱导致血尿酸增加而引起组织损伤的一组疾病。40岁以上随年龄增加而患病率上升,男性多见,女性在绝经后增多。春秋季节易发作。原发性痛风常与肥胖、糖尿病、高血压、动脉硬化和冠心病等聚集发生。

什么是痛风?

急性痛风性关节炎是大多数痛风病人最早出现的症状。多发生于下肢小关节,特别是第一趾跖关节。常在夜间突然发病,关节局部红肿,剧烈疼痛,对温度、触摸、震动极为敏感。可反复发作、多个关节,并导致关节畸形。还可累及肾脏出现严重的肾功能损害。

如何调控痛风?

1. 调节饮食

- 控制总热量摄入,以减轻体重。
- 限制高嘌呤食物,如心、肝、肾、脑、鱼虾、海鲜、肉类、豆制品、酵母等。以低嘌呤食物为主,如米、面、淀粉、高粱、通心粉、马铃薯、山芋等;可食用牛奶、乳糖、冰淇淋等乳制品,蛋类及猪血、鸡鸭血等,大部分蔬菜、水果,葵花子、干果、海蜇、海藻等,可乐、苏打水、汽水、矿泉水、茶、果汁、咖啡等饮料。
- 限制食盐,每日不超过2～5克。
- 增加饮水,每日在2000ml以上。
- 严禁饮酒,尤其含大量嘌呤的啤酒。

2. 适当运动

适当运动既可防止胰岛素抵抗又可减肥,但应避免剧烈与长时间运动,防止一过性尿酸增高。可选择太极拳、散步、游泳等简单的运动方式。

3. 培养良好的生活方式

劳逸结合,保持心情愉快。

4. 不使用抑制尿酸排泄的药物

痛风患者不建议使用抑制尿酸排泄的药物,如噻嗪类利尿剂等。

——痛风病人特别喜欢在晚上下班后与朋友聚在一起吃火锅,可以吗?谈谈自己的见解。

火锅内含高嘌呤食物较多;吃火锅进食量较大,热量摄取增加。一是不符合减肥要求,二是高嘌呤食物进食较多,容易导致痛风发作。

>>> 温馨提示

肥胖与痛风虽属不同的疾病,但两者关系密切,肥胖度越高,痛风患病率越高。因此,减肥在一定程度上能减少痛风的发作,但不能操之过急,否则易引起痛风的急性发作。海鲜最好不要与啤酒同食,因啤酒内含有分解海鲜内嘌呤和苷酸两种成分的维生素 B_1。

二十一、前列腺炎的预防保健

前列腺炎是前列腺特异性和非特异性感染所致的急慢性炎症。前列腺炎是成年男性的常见病,对其生活质量的影响与心肌梗死、心绞痛、克罗恩病相当。

什么是前列腺炎?

1. 前列腺炎的常见诱因有久坐、骑车、饮酒、吸烟。

2. 前列腺炎主要表现为排尿不适,如尿频、尿道灼热感、疼痛、排尿困难等。急性前列腺炎还会出现后尿道、会阴和肛门处坠胀不适。慢性前列腺炎可出现放射至下腰部的疼痛、性功能障碍,甚至合并神经衰弱等。

如何调控前列腺炎?

1. 预防

及时就医、及早治疗,防止急性前列腺炎转变为慢性前列腺炎。

2. 水疗法

● 方法一　坐在热水中(能忍受的最高温)15～30分钟,每日1或2次。欲生育的男子不可用此法。

● 方法二　用温及冷水喷下腹及骨盆区域,以3分钟热、1分钟冷交替喷淋。

● 方法三　坐在热水中,但将脚泡在冷水中,3分钟后交换。

3. 多喝水

每日饮矿泉水2000ml～3000ml,增加排尿。

4. 适量运动

走路是很好的运动,不能骑车。

5. 饮食

忌辛辣食物、忌酒。多吃谷类、蔬菜和南瓜子、海带等富含锌的食物,适量补充维生素A、维生素C及维生素E。

6. 生活规律,避免劳累,不憋尿

7. 急性前列腺炎应暂停性生活,慢性前列腺炎规律性生活有益康复

很多人认为前列腺炎即性病,两者是否为一类疾病?

是完全不同的两种疾病。性病是特异性感染,属于传染性疾病,比如淋病,尿道口会有分泌物,而前列腺炎在尿道口没有分泌物,只是有症状。

> **温馨提示**
>
> 推荐中草药:将尿砂根、海冬青、八仙花根混合,煎成茶,每日3次,每次3~4汤匙。能缓解炎症、减轻尿痛。若尿道灼热现象持续,可在以上配方里加入蜀葵叶。若尿液带少量血或夜晚尿频,可使用木贼收敛。若腺体肥大,可将木贼与八仙花混合。若以上配方无效,应就医。

二十二、癌症的预防保健

癌症是对一类以细胞异常增生为特点的疾病的总称。癌症是指恶性肿瘤,是目前威胁人类健康的最严重的疾病之一。

何为癌症?

1. 癌症病因

关于癌症的发生众说纷纭,但目前公认的是基因突变致细胞反分化。认为是外来因素,如环境因素、生活方式、膳食营养、化学致病因素、病毒感染、放射线等多因素进入人体发挥综合作用的结果。

2. 高危人群

● 长期接触石棉、苯、镉、铬、镍、砷、木屑、放射线、紫外线、烷化剂、芳香胺、氯乙烯、煤烟、杀虫剂等物质的人群。

● 有癌症家族史和现有癌前期病变的人群。

● 长期多量吸烟、被动吸烟、嗜酒或有其他不良嗜好者。

● 患有乙肝、丙肝等疾病。

3. 癌症信号

● 身体任何部位的肿块,如乳腺、颈部、腹部肿块,尤其逐渐增大者。

- 身体任何部位没有外伤而生的溃疡,如舌头、颊黏膜、皮肤等处的溃疡,尤其经久不愈。
- 中年以上妇女出现不规则阴道流血或分泌物增多。
- 进食时胸骨后闷胀、灼痛、异物感或进行性加重的吞咽困难。
- 久治不愈的干咳或痰中带血,对 X 线片肺部的任何"阴影"都要注意观察。
- 长期消化不良、进行性食欲减退、消瘦,又未找出明确原因。
- 大便习惯改变,或有便血。
- 鼻塞、鼻衄、单侧头痛或伴有复视。
- 黑痣突然增大或有破溃、出血,原有毛发脱落。
- 无痛性血尿。

另外,发现良性肿瘤也应警惕发生恶变。

如何调控癌症?

1. 预防

- 一级预防　一级预防属病因预防。
  - 戒烟或避免吸烟,防止肺、咽、喉及食管肿瘤。
  - 优化饮食结构,含植物类型的食品几乎对所有类型的癌症均有预防作用,尤其是结肠癌、乳腺癌、食管癌、胃癌及肺癌。
  - 避免长期接触某些化学物质,可预防肺癌、膀胱癌、白血病等。
  - 防治乙肝、丙肝等慢性感染有助于预防肝癌,防治人乳头瘤病毒感染有助于预防宫颈癌,防治 HIV 病毒和非霍奇金淋巴瘤有助于预防 Kapos 肉瘤,防治 EB 病毒感染有助于预防鼻咽癌等。
- 二级预防　二级预防属临床前预防。
  - 对高危人群进行普查　目前,癌症发病有年轻化趋势。因此,凡年龄>60 岁,有多年吸烟史,生活不规律,工作压力大,绝经后出现阴道不规则流血等人群应进行普查。

◎ 积极治疗癌前病变　凡有食管上皮重度增生,胃黏膜不典型增生、化生和萎缩性胃炎,慢性肝炎和肝硬化,结肠息肉,支气管上皮增生和化生等,均应按癌前病变治疗。

◎ 加强对易感人群的治疗　凡有癌瘤遗传易感性和癌瘤家族史的人群,必须定期检查。

◎ 肿瘤自检　对体表可触及可看到的部位,应定期自检,如乳腺自检。

● 三级预防　三级预防属临床期预防或康复性预防。

2. 日常保健

● 饮食调理

◎ 保证蛋白质供给　首选易消化吸收的蛋白质食物,如牛奶、鸡蛋、鱼类、豆制品等,可提高抗癌力。

◎ 补充热能　适当进食糖类,以葡萄糖最好,也可以多食蜂蜜、米、面、马铃薯等,尤其是接受大剂量放疗者。

◎ 补充维生素　蔬菜、水果中富含维生素 A、维生素 C,在一定程度上能阻止细胞恶变和扩散,维生素 C 还可防止放射损伤的一般症状并增加白细胞。动物内脏中富含维生素 E,能促进细胞分裂,延缓衰老。豆类、瘦肉、牛奶等食物中富含 B 族维生素,可促进病人食欲,减轻放射损伤症状。

◎ 抗癌食物　癌症病人可多食黑木耳、大蒜、海藻、甲鱼、蘑菇及蜂皇浆等食物。

◎ 必要时可给予复方营养要素饮食。

● 运动保健

◎ 按摩　按摩能改善局部血液循环,放松身心。

◎ 康复体育锻炼　康复体育锻炼能使自己适应日常生活,也有利于增进食欲、恢复体力、促进睡眠。

● 心理护理　首先,病人家属应在病人面前镇静自若,努力为病人创造良好的养病环境及有力的精神支持。其次,家属应了解病人所患癌症的一般医学知识,以便正确地协助治疗,减轻病人痛苦,配合病情观察。

有许多人只要一提到肿瘤马上就想到癌症,而且立即发生"谈癌色变"。应该如何引导?

肿瘤分良性和恶性两种。良性肿瘤可发生在身体各处,如果不压迫周围组织,完全可以不用管它。而恶性肿瘤即癌症不同,它不仅引起局部损害,还能扩散转移,对人体带来更为严重的危害。事实上,癌症的转移所引起的并发症正是很多癌症病人死亡的直接原因。所以,开展健康教育,普及人民群众对肿瘤基本知识的认识是必要的。

>>> 温馨提示

> 推荐食疗:①番茄花生大枣粥:花生米、大枣各30~50克,粳米100克,煮粥,食用前拌番茄。②菱粉粥:粳米100克,米熟后调入菱粉40克,红糖少许,煮粥。适用于食管癌、胃癌、乳腺癌、宫颈癌患者。③蒜苗肉包:将蒜苗与肉按4∶1的比例制成馅,蒸包食用。对预防肿瘤的复发和转移有一定的作用。

第六章

健康传播

传播学是一门随着现代新闻信息技术的发展而新兴的边缘学科,在促进现代社会人类信息交流与共享方面起到越来越重要的作用。美国等西方国家从20世纪60年代起将传媒学的概念引入健康教育领域,并逐渐形成了健康传播学,极大地丰富了健康教育的策略方法和理论宝库,有效地指导着健康教育的实践。要成功地实现预防、控制疾病和促进健康的目标,必须依赖广泛地开展健康传播活动,没有健康传播活动,健康教育与健康促进就失去了重要手段。

一、传播概述

何为健康信息?

健康信息泛指一切有关人的健康的知识、技术、技能、观念和行为模式,即健康传播过程中传授双方所制作、传递和分享的内容。

何为健康传递?

1. 传播

传播通常是指人与人之间通过一定的符号进行的信息交流与

分享,是人类普遍存在的一种社会行为。1988 年出版的我国第一部《新闻学字典》将传播定义:"传播是一种社会性传递信息的行为,是个人之间、集体之间以及集体与个人之间交换、传递新闻、事实、意见的信息过程。"

人类的传播活动纷繁复杂,按其主客体相互关系的不同及其特征,可将传播活动分为人际传播、大众传播、组织传播和自我传播 4 种基本类型。

传播的要素有传播者,信息、讯息和符号,媒介渠道,干扰,把关人,受传者,反馈。

2. 健康传播

健康传播是传播学的一个分支,就是以大众传媒为信道来传递与健康相关的资讯以预防疾病、促进健康。它是健康教育和健康促进的重要手段和策略。

健康传播是一般传播行为在医学领域的具体和深化,并有其独自的特点和规律。

健康传播有 4 个主要特点:传递的是健康信息,即传递的是一切有关人的健康知识、概念、技术、技能和行为模式;具有明确的目的性,即以健康为中心,力图达到改变个人和群体的知识、态度、行为,使之向有利于健康的方向转化的目的;其过程具有复合性,即多表现为多级传播、多种途径传播和多次反馈;健康传播对传播者有特殊素质要求,要求传播者具有专门的技术,如医务工作者等。

二、人际传播

何为人际传播?

人际传播也称人际交流,是指人与人之间的一种直接的信息沟通的交流活动。这种交流活动主要通过语言来完成,但也可以通过非语言的方式来进行,如动作、手势、表情、信号(包括文字和符号)等。自有人类以来,这种传播活动就开始了。人类的祖先开始是用声音、动作、手势、表情来传播信息,当人类有了语言和文字以后,这种交流活动就方便得多,而且交流的信息也复杂得多。

人际传播可以分为个人与个人之间、个人与群体之间、群体与群体之间3种形式。个人与个人之间的传播形式有交谈、访问、劝告、咨询等。个人与群体之间的传播形式有授课、报告、演讲、讲座等。群体与群体之间的传播形式有会谈、座谈、讨论等。

人际传播在健康教育中有何作用?

健康教育通过改变人们的行为来达到促进健康的目的,而改变行为的必要前提是通过知识传播和健康意识的启迪来影响人们的知识结构和思想观念。在这些过程中,人际传播是不可缺少的。并且,由于人际传播因具有针对性强、交流充分、反馈及时等特点而在人们改变行为的活动中具有重要的作用和地位。

不可否认,大众媒介在传播健康信息方面具有很大的优势,并且也可以在改变行为方面发挥作用。但是,有某种健康问题的人往往更需要具体的指导才能纠正自身的不健康行为。这种具体的指导往往是需要通过人际传播才能实现的。生物遗传与环境的多样性,决定了人类健康问题的多因多果性;人的主观能动性与健康观又决定了对多样性的认识、态度、决断和选择,从而决定了卫生需求与解决途径的多样性。正是由于这些特点,只有通过健康教育工作者、卫生工作者的面对面的人际传播,才能最有针对性地解决各种具体问题,逐步实施改变行为的计划。

比如对于有高血压问题的人,要了解其患高血压的原因是什么,是家族遗传还是肥胖所致,是食盐摄入量过多还是工作、生活压力大或精神过于紧张……弄清这些原因才能确定药物治疗和行为改变之间的关系。如果肥胖或食盐量大是其不健康因素,那就帮助他制定减肥、减盐计划。在此过程中,要不断地了解他坚持的情况,有何问题,有何进步,需要什么帮助等等。这样一个健康教育过程也就是应用人际传播的过程。人际传播应用得如何直接关系到健康教育计划和健康教育活动的成效。

人际传播有哪些技巧?

人际传播要获得好的效果,传播技巧是十分重要的。人际传播技巧有多种,但都与人体的"传播器官"有关,它们是语言器官——口;听觉器官——耳;视觉器官——眼。以下分述几种基本技巧。

1. 说话技巧

语言是人类传播信息最基本的工具。语言是通过口说来传递信息的,信息传递是否清楚准确,产生的效果如何,与说话的技巧有很大关系。

讲话者首先要让对方能听懂自己的话,理解自己的话。讲话人和听话人应该具有"共同的经验范围"。如果对一个不懂英语的人讲英语,或对一个不懂方言的人讲方言,对方听不懂,信息自然就无法传递,交流活动也就无法进行。如果对一个不懂医学的人讲话使用医学术语,对方理解不了医学术语的含义,也是不能取得预期效果的。

另外,讲话者讲话时发音要清晰,讲话的速度不要太快(否则对方不容易听清、理解和记忆),但也不能太慢(容易分散对方注意力)。讲话者应掌握讲话的节奏和音调高低,避免平铺直叙。

因此,说话的技巧表现在两个层面,第一个层面是使用对方能听懂、能理解的语言和词汇,清晰的发音、快慢适宜的语速,使对方懂得和理解讲话者所传递的信息;第二个层面是用生动的语言和表情,抑扬顿挫的语调和节奏使对方产生兴趣、共鸣、反应。

2. 问话技巧

人际交流中,提问是很普遍的。提问作为一种交流的方式,也有很多技巧需要学习和掌握。提问的方式可分为开放性提问、封闭性提问、倾向性提问、试探性提问、探索性提问、复合性提问等类型。

提问是为了得到回答,是为了从回答中获取信息,怎样提问才能有利于交流的进行、才能获得真实的和尽可能多的信息,则要讲究提问的技巧。

首先,提出问题应选择合适的时机。如果对方正在兴致勃勃地讲述某一种事情,问话者中途打断对方讲话,问一个与对方讲话内容并非关系紧密的问题,则会打断对方的思路,影响对方的情绪和信息的充分传递与交流。

其次,即使在合适的时机,问话也要有间隔,给对方一些间歇,不要一个紧接一个地问问题,否则会给对方造成紧张和心理压力。

最后,提问要明确和简练,以让对方清楚地理解问题的核心,能够准确地回答出问题的要点。

要获取较多的信息,或要了解对方的某种态度、观点,以及对某些知识掌握的情况时,多用开放式提问,以开阔对方的思路,让对方说出自己的情况、自己的认识和思想,或者是客观存在的事实等等。

3. 听话技巧

在听对方谈话时要专心;不要轻易打断对方的谈话,必要时可以恰当地引导;对对方的谈话要作出适当的反应,如点头或说"哦""嗯"等;善于听出"话外音",有时需要小结或进一步明确对方的意思,以证实听到的信息与对方要表达的内容一致。

4. 反馈技巧

反馈是信息使受众产生的反应能通过某种传播形式返回到传播者的现象和过程。

反馈的技巧主要表现在以下几个方面:根据不同的人物、时间、地点等特定因素及交流内容采用适当的反馈形式;对对方传递的信息表示感兴趣,用专注的神情或微笑、点头等积极性反馈来鼓励对方充分表达;用积极性反馈支持、肯定和纠正对方时,态度要和缓、口气婉转;用模糊性反馈回避对方所涉及的敏感问题。

5. 观察技巧

观察就是用眼睛看,通过视觉收集信息,观察对方的表情、动作、周围的人物和环境等等,是人际交流中的重要因素,通过观察得到的信息与听到的信息相结合往往是比较全面和真实的。

观察的技巧主要是细心和全面。观察事物要仔细,善于捕捉到细微的变化,能够发现深层的或者有掩盖的事物和现象,从而获得真实的信息,这对于指导人际交流十分重要。

三、大众传播

大众传播的概念和特点是什么?

1. 大众传播的概念

大众传播是指职业性信息传播机构和人员通过广播、电视、电影、报纸、期刊、书籍等大众媒介和特定传播技术手段,向范围广泛、为数众多的社会人群传递信息的过程。

2. 大众传播的特点

● 传播者是职业性的传播机构和人员,并需要借助广播、电视、电影、报纸、期刊、书籍等大众媒介和特定传播技术手段。

● 大众传播的信息是公开的、公共的,面向全社会人群的。

● 大众传播信息扩散距离远,覆盖区域广泛,速度非常快。

● 大众传播对象虽然为数众多,分散广泛,互不联系,但从总体上来说是大体确定的。

● 大众传播是单向的,很难互换传受角色,信息反馈速度缓慢而且缺乏自发性。但随着大众传播中"热线"形式的开通与流行,部分弥补了传受双方信息反馈的不足。

利用大众传播渠道开展健康教育工作,可以使健康信息在短时间内迅速传及千家万户,提高人们的卫生意识。加强对大众传播的特点和客观规律的研究,将有助于改变健康传播的质量,提高健康传播的效果。

如何选择传播媒介？

大众传播的媒介主要有报纸、电视、广播、杂志、户外广告、交通广告等，恰当地选择传播媒介，是取得预期传播效果的一个重要保证。在选择传播媒介时，应遵循如下原则：

● 保证效果原则　根据预期实现的健康传播目标和信息内容选择传播媒介。注意媒介对讯息内容表达的适应性及效果，比如疫病流行期间宜选用大众媒介的健康新闻发布或公益广告传播，如"0－157致病性大肠杆菌污染食物发病死亡人数在日本急剧增加""H5N禽流感病毒夺命香港，引起全球关注"等以达到"广而告之"的目的，而青春期性教育，则采用咨询等人际传播手段效果会更好。

● 针对性原则　针对目标人群，选择传播媒介。针对性是指所选择媒介对目标人群的适用情况。比如对儿童采用卡通视图与儿歌等视听电子媒介就比文字印刷媒介更适用。对农村妇女进行营养教育，有些采用函授和电视讲座，这种媒介的选择缺乏针对性，而利用简单的图解、模型、实物示教，才更有针对性。

● 快速原则　力求将健康信息以最快、最通常的渠道传递给目标人群。一般来讲，电视、广播是新闻传递最快的渠道。在农村中常见的迅速传递信息形式是广播，如通知召开村民大会。

● 可及性原则　根据媒介在当地的覆盖情况，受众对媒介的拥有情况和使用习惯来选择媒介。

● 经济性原则　从经济角度考虑媒介的选择，如有无足够经费和技术能力制作、发放材料或使用某种媒介。在实际工作中，在通盘考虑上述原则后，这一原则可能具有决定性。

大众传播有哪些常见障碍？

1. 讯息障碍

讯息是由一组传播符号组成的，它表现为一定的信息内容，又以媒介为载体，传递到目的地或受传者一方。所谓"讯息障碍"，就是指讯息形式模糊不清。产生的原因有机械性干扰和人为干扰两类。

● 机械性干扰　机械干扰是影响健康教育传播的首要障碍,它是由客观条件所造成的传播障碍。常见的机械性干扰有自然形成的通道杂音如广播中的噪声干扰,影像图像失真、重影、不清,印刷质量不好浮污、字体模糊、套色定位不准、彩色模糊,装订质量差等。

● 人为干扰　人为干扰有两种情况:一种是人的技术水平低所致,另一种是消极把关的作用。

2. 语义学障碍

语义学障碍主要表现在词义表达不准确,难以理解,如歇后语、成语典故过多,使得受传者听不懂说什么,不清楚说明什么问题。

3. 符号障碍

在传播中符号障碍主要表现在两个方面,一是对符号意义的认知缺乏共同经验,二是对符号与事物本体之间的认识差距过大。

4. 心理障碍

受传者的心理障碍是造成传播障碍的一个重大因素和直接原因。主要见于:

● 接受信息符号时的心理障碍,如由于经验不同或感觉器官的错觉,而对含糊不清的线条、图案、颜色等印刷符号出现选择性注意和理解的错误。

● 对传播内容的归因判断错误,如仅凭对传播者的第一印象,或熟悉与否,或知名度如何等,就判断内容是否真实可信,从而选择对信息的重视态度及接受行为。

随着信息时代的到来,人们对信息的处理,只在一瞬间已处理完毕。如果某一信息不是受传者需要的,或者信息传播采用的是受传者不喜欢的方式,受传者会毫不犹豫地将信息"扔掉"。因此,根据社会市场经济规律及原理、大众传播媒介的特点和当地的实际情况,充分、合理地应用大众传播媒介,加强传播的效果,是各级健康教育人员的一项重要的业务技能,也是向公众传播卫生保健知识的保证。

四、影响健康传播效果的因素与对策

何为健康传播效果?

传播效果是指受传者接受信息后,在情感、思想、态度、行为等方面发生的反应。健康传播的效果,按可达到的难度层次由低向高依次分为4个层次。

1. 知晓健康信息

知识传播效果中的最低层次,主要取决于信息传播的强度、对比度、重复率、新鲜度、定位点和创意性等信息的结构性因素。知晓健康信息是促进有效思考所必需的。

2. 健康信念认同

受传者接受所传递的信息,并对信息中倡导的健康信念理解、认同。健康信念认同是由认知进而形成一个人的价值观念的基础和先导。只有以受传者个人为中心所形成的价值观念才能真正地影响其态度和行为。受传者会自觉或不自觉地按照这样的信念,对其在健康方面的态度、行为表现和客观环境进行分析判断,有利于受传者态度、行为的转变以及对健康环境的追求和选择。

3. 态度向有利于健康转变

受传者的态度是其行为的先导。健康传播者通过健康信息的传播,使受传者获得健康知识,促进态度从不利于健康的方面向有利于健康的方向转变。健康的态度一旦形成,就具有固定性,成为一种心理定式,一般说来不会轻易改变。

4. 采纳健康的行为和生活方式

这是健康传播效果的最高层次。受传者接受健康信息后,在增加知识、认同健康信念、转变态度的基础上,改变其原有的不利于健康的行为和生活方式,采纳有利于健康的行为和生活方式,并提高了生活质量,这是健康传播的最终目的。只有取得了这一效果,才能真正改变人的健康状况。

试分析采纳低钠盐健康新信息的步骤。

从缺少低钠盐信息或不知晓到产生传播效果:

知晓/了解低钠盐有利于健康(接触、学习知识与经验回忆)
↓
信服低钠盐有利于健康(信念认同)
↓
偏好低钠盐(态度改变)
↓
想要买低钠盐(行为意向)
↓
购买和使用低钠盐(短期行为)
↓
养成使用低钠盐的生活习惯(长期行为)

影响健康传播效果的因素与对策有哪些?

健康信息的传播是一个十分复杂的过程,在其每个环节上,都有许多因素能直接或间接地影响传播效果。

1. 健康传播者方面

健康教育工作者和承担健康教育职责的人是健康传播的主体。

● 做好健康信息的把关人。除主管部门领导外,医学专家及健康教育工作者都是健康信息的把关人,由他们来解决传什么、传给谁的问题,直接影响着传播效果。在健康传播中,要求健康教育人员做到:

◎ 追踪了解医学发展前沿,不断更新知识,学习新理论和新方法,避免传递错误信息,误导群众。

◎ 加强业务指导和管理。健康教育专业人员有责任对下级机构和基层卫生保健人员进行指导、培训,对传播材料制作进行质量监控,要把材料内容的科学性和有效性列入工作评价指标。

◎ 要有精品意识,注意评估和更新传播材料。制作和使用通俗易懂、针对性强、符合当地群众需要的新材料,停止发放观念陈旧、不符合群众需要的旧材料。

● 选择合适的传播者,注意树立良好的自身形象、威信与吸引力。传播者的信誉和威望越高,传播效果就会越好。

● 提高业务素质,增加与受众及媒体的共同经验范围。在大众传播中,传播者应努力学习媒介知识和技术,并考虑传受双方对媒体的共同经验。传受双方的关系,共同的语言越多,共同经验范围越大,传播效果就越好。

2. 健康信息方面

内容因素包括信息内容、符号使用与讯息表达形式3个方面。

● 信息内容的针对性、科学性和指导性。健康传播的讯息,要根据受传者的需要来选择,内容要单一,行动目标要明确,实现既定目标的方法要具体、简便而且可行。注意结合目标人群常见疾病或症状、结合疾病季节特点、结合与人群健康有关的卫生宣传日,来选择热点话题,提高内容的针对性、科学性和指导性,以加强传播效果。

● 使用符号要准确、通用、易于受传者理解与媒介采用。特别要注意所使用的信息符号形式是否符合低文化层次人群的需要。

● 讯息表达形式的设计应根据传播目的和受传者需求。讯息的表达方式是多种多样的,是用说理性讯息晓之以理,还是采用情感性讯息动之以情,应根据传播目的和受众需求来设计。符号和讯息的抽象层次要适合目标人群。在设计健康讯息时,应注意:知识技术上科学正确,易懂、实用、简明、中肯,在文化和社会习俗上适当,以正面教育为主。

3. 媒介渠道方面

● 媒介渠道的选择　选择的媒介渠道对健康传播效果的影响非常大。不仅要考虑到受传者是否拥有传播者所选用的媒介,而且要考虑到传受双方对使用这一媒介的共同经验范围有多大。媒介选择的另一个要点是看所选择的媒介是否适合所传播的信息。在健康教育工作实践中,主要采用大众传播方式进行卫生保健知识的普及教育;采用人际传播方法技巧进行劝服和行为干预;采用大众传播和人际传播结合的方式,开展综合性的全方位的健康教育与健康促进活动。

● 主要多媒介渠道的组合策略　合理地策划媒介组合,多层次、多渠道开发利用多种媒介,扩大信息有效到达率和暴露频率。比如,利用视听电教工具,使受传者不仅听,而且看,可以通过具体的直观感受和体验,引起兴趣,加深记忆,提高传播的效果。

4. 受传者(受众)方面

健康传播的受众是社会人群,有着多样性的健康需求和信息需求。根据受众的年龄、生理与心理特点,制定传播内容和传播策略是传播学理论在健康传播中的具体应用。

越来越多的例子说明,人们采纳健康行为的决策,往往是根据他们自以为重要、真实、正确无误的认知,而不是来自理性的思考或仔细核算的结果。而造成人们决策的这种改变,正是由于近年来"狂轰滥炸"型的无目标的传播方式。受传者因为心理机制不尽相同,产生喜欢快感的原因也不尽相同,也就决定了他们采取行为的不同。在健康传播策略中,如何使用不同的刺激使不同的受传者都因为"采纳你的健康教育建议"这一行为而产生快感,这是最重要的一点。从受传者角度出发,传播的依据就必须以受传者的认识水平为基础。所以,我们要尽可能说受传者想听的,而不是说传播者想说的。

5. 环境方面

传播活动赖以生存的自然环境和社会环境也是影响传播效果的因素。传播活动地点、场所、距离、环境布置等属于自然环境;社会经济状况、文化习俗、社会规范、政府及地方的政策法规,以及受传者生活圈子内的所有人对其态度和行为的影响等,都属于社会环境。

总之，许多方面的因素都会影响到健康传播的效果。在健康传播的活动中，健康教育者不可以掉以轻心，要全面筹划设计，仔细分析研究，避免健康传播的盲目性，以加强传播效果。

第七章

健康保险

健康保险是社会保障体系的重要组成部分,也是医疗卫生系统的重要筹资渠道和外部管理手段。将健康保险的风险控制由单纯重视事后风险管控,延伸到包括事前预防在内的全过程,成为健康保险发展的方向。在西方发达国家,健康管理公司的服务对象是大众,而直接客户却是健康保险公司。可见,健康管理与健康保险之间有着非常紧密的关系,要掌握健康管理的基本过程,了解一些与之相关的健康保险知识是非常必要的。

一、健康保险概述

何为健康保险?

健康保险是以被保险人的身体为保险标的,使被保险人在患有疾病或发生意外事故时消耗的费用或损失获得补偿的一种人身保险。

健康保险的特征有哪些?

1. 健康保险经营风险的特殊性

"伤病"风险,其影响因素十分复杂,逆选择和道德风险更为严重。

2. 健康保险的精算技术

健康保险在制定费率时主要考虑疾病率、伤残率和疾病（伤残）持续时间。健康保险费率的计算以保险金额损失率为基础,年末未到期责任准备金一般按当年保费收入的一定比例提存。此外,健康保险合同中还规定等待期、免责期、免赔期给付比例、给付方式和给付限额。

3. 健康保险的保险期限

除重大疾病等保险以外,绝大多数健康保险为1年期的短期合同。

4. 健康保险的保险金给付

费用型保险适用"补偿原则",定额给付型健康保险不适用。

因为健康保险的特殊性,一些国家把健康险列为第三领域,允许财产保险公司承担。

5. 健康保险合同条款的特殊性

无须指定受益人,采用一些特有的条款,如协调给付条款、体检条款、免赔额条款、等待期条款等。

6. 健康保险的除外责任

除外责任一般包括战争或军事行动,故意自杀或企图自杀造成的疾病、死亡和残疾,堕胎导致的疾病、残疾、流产、死亡等。

健康保险有何作用?

● 可以转移个人和家庭生活中的疾病风险。况且,国家在个人或企业投保健康保险时一般都给予税收优惠。可以说,投资健康也是一种理财方式。

● 健康保险对于企业正常生产、抵御疾病带来的对生产的影响十分重要。通过专业化疾病风险管控,可以把不可控制的疾病风险转变为固定的保费支出,不仅便于成本的核算,也减轻了企业的负担。此外,为企业重要员工提供健康保险,对于留住优秀人才、稳定和促进企业持续发展的影响也是积极的。

● 在国家税收模式和社会医疗保险模式中,健康保险起到一个重要的制度补充作用。

二、健康保险的种类

健康保险包括医疗保险、疾病保险、收入保障保险及长期看护保险。

医疗保险的内涵是什么?

以约定的医疗费用为给付保险金条件的保险,它不仅包括医生的医疗费用和手术费用,还包括住院、护理、医院设备等的费用。

1. 类型

● 普通医疗保险　主要承保被保险人治疗疾病的一般性医疗费用,主要包括门诊费用、医药费、检查费等。保费成本较低,保险人支付免赔额以上的百分比(比如80%)。

● 住院保险　作为一项单独的保险,住院保险的费用项目主要是每天住院房间的费用、住院期间医生治疗费用、利用医院设备的费用、手术费用、医药费等。

● 手术保险　提供因病人需做手术而发生的费用。

● 综合医疗保险　是保险的一种全面的医疗费用保险,其费用范围包括医疗、住院、手术等的一切费用。这种保单的保险费较高。

2. 医疗保险的常用条款

● 免赔额条款

◎ 单一赔款免赔额:对每次赔款确定一个免赔额。

◎ 全年免赔额:对全年赔款总计确定一个免赔额。

◎ 集体免赔额:对团体保险的全员赔款总计确定一个免赔额。

● 比例给付条款(共保比例条款)

对免赔额以上的医疗费用部分采用保险人和被保险人共同分摊的比例给付办法。既可以按某一固定比例(例如保险人承担70%,被保险人自付30%)给付,也可按累进比例给付,即随着实际医疗费用支出的增大,保险人承担的比例累计递增,被保险人自付的比例累计递减。

● 给付限额条款

一般对保险人医疗保险金的最高给付均有限额规定,以控制总支出水平。

疾病保险的内涵是什么?

疾病保险指以疾病为给付保险金条件的保险。特别为高额医疗费用的疾病开设的。

1. 疾病保险的特点

● 一种独立的险种

● 一般都规定了一个观察期

● 保险程度较高

● 保险期限较长

2. 重大疾病保险

重大疾病保险所包含的国内疾病一般有心肌梗死、冠状动脉绕道手术、癌症、脑卒中、尿毒症、严重烧伤、急性重型肝炎、瘫痪和重要器官移植手术、主动脉手术等。

3. 重大疾病保险种类

● 按保险期间分为定期重大疾病保险、终身重大疾病保险两大类。

● 按保险金的给付形式分为提前给付型重大疾病保险、附加给付型重大疾病保险、独立主险型重大疾病保险、按比例给付型重大疾病保险、回购式选择型重大疾病保险。

收入保障保险的内涵是什么?

1. 收入保障保险的定义

收入保障保险是指以因意外伤害、疾病导致收入中断或减少为给付保险金条件的保险。

2. 收入保障保险的特点

● 给付方式　按月或按周进行补偿,给付额一般都有一个最高限额,该限额低于被保险人在伤残以前的正常收入水平。

● 给付期限　可以是短期也可以是长期。短期补偿是被保险人在身体恢复前不能工作的时间;长期补偿是被保险人全部残疾而不能恢复工作的时间。26 周、52 周到 2 年、5 年或给付至 60 岁或 65 岁。

● 免责期间　2 个月、3 个月、6 个月和 1 年等。

3. 收入保障保险中关于残疾的界定

● 完全残疾　有 6 种:

◎ 全残:致残初期不能完成惯常职业的基本任务。

◎ 绝对全残:不能从事任何职业。

◎ 原职业全残:如钢琴师。

◎ 收入损失全残:因残而导致收入丧失或减少。

◎ 推定全残:最终是否全残尚未确定。

◎ 列举式全残:属于保险单列举的项目。

● 部分残疾

$$部分残疾给付 = \frac{全部残疾给付(残疾前收入 - 残疾后的收入)}{残疾前的收入}$$

长期护理保险的内涵是什么?

1. 长期护理保险的定义

长期护理保险是为因为年老、疾病或伤残而需要护理的被保险人提供护理服务费用的健康保险。

保险范围分 4 个等级：医护人员看护、中级看护、照顾式看护、加重看护。

2. 长期护理保险的特点

● 给付期限　有 1 年、数年和终生等几种不同的选择，同时也规定有 20 天、30 天、60 天、90 天、100 天等多种免责期。

● 长期护理保险的保费　为平准式/固定上调保费者。

● 长期护理保险的保单　保证续保。

● 长期护理保险的特殊条款　不没收价值条款。

三、健康保险与健康管理的关系

风险控制是保险公司盈利能力的重要保证。健康保险涉及保险人、投保人和医疗服务提供者三方，其风险不仅包括投保过程中可能产生的逆选择、道德风险等，也包括难以对医疗行为进行有效控制而引发的医疗风险。对于道德风险的控制，通常采用核保方式进行。与寿险核保不同，健康保险核保更为关注被保险人的健康状况。对于疾病保险，还要对特定的疾病进行审查。另外，投保人的信用状况、生活习惯、家庭病史等也是重要的核保因素。可以说，对道德风险的防范是比较难的。但目前更难的是对医疗风险的防范。由于现行产品主要是对已经发生医疗费用进行补偿，而保险公司和医院之间尚未建立起风险共担、利益共享的合作机制，所以难以控制医疗风险。

运用健康管理手段，可以对健康保险经营风险进行实时有效的事前和事中监控；对加快健康保险业务信息化建设的步伐，建立多角度的风险监控体系，设置众多风险控制点，实现风险预警、动态监控和数据积累的目标，有效降低医疗风险的发生率具有重要意义。要建立医疗风险控制网络体系，完善健康保险的医疗风险控制和管理办法，最好的办法就是与健康管理机构合作，对投保人实施全程健康服务,这也是保险公司对投保人服务的延伸。

  在美国等健康保险业发达的国家,保险公司为客户提供的服务不仅仅是理赔服务,还包括预防保健、年度体检、门诊、住院和康复等多种项目的健康管理服务,重视和鼓励客户保持健康的身体,以减少医疗费用的支出。这正是健康管理运用于健康保险的一种体现。借鉴这种模式,我们可以考虑搭建商业保险公司医疗服务网络,在健康保险主合同基础上,根据当地医疗服务水平,与客户签订健康服务合同。通过健康管理机构为客户提供年度检查、健康教育和预防保健等一系列的健康服务,为客户建立完整的健康信息档案,并通过互联网实现随时查询,为临床医生为客户治疗提供全面翔实的参考资料,也有利于保险公司全面了解和掌握客户的详细健康状况,有效降低客户道德风险。健康管理机构通过全方位、个性化的服务满足身体健康客户的医疗保健需求,增加客户续保意愿,推进健康保险持续、稳健发展。

附　录

一、健康管理流程

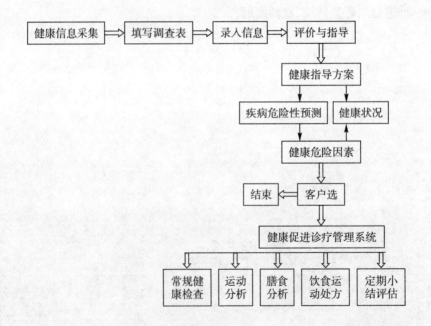

二、个人健康信息采集

个人健康信息采集问卷(客户基本信息)

姓名		性别		出生日期		民族	
身高		体重		腰围		婚否	
籍贯							
证件号码							
工作单位				职业			
家庭住址							
住宅电话			传真		手机		
邮箱				QQ			
通信地址				邮编			

(一)基本信息

1.您的职业：

□军警　□公务员　□教师　□商人　□工人　□自由职业　□其他

2.您的文化程度：

□初中或以下　□高中/中专　□大专　□大学本科　□研究生或以上

3.您收入情况(元)：

□2000以下　□2000到4000　□4000到8000　□8000以上

4.您家庭情况：

□未婚和家人一起住　□未婚独住　□结婚还没孩子　□三口之家

□离异　□丧偶　□其他

5.您对您的生活状况满意吗？

□不满意　□不太满意　□一般　□较满意　□很满意

6.您认为您的家庭生活怎么样？

□很糟糕　□不太好　□一般　□较美满　□很美满

(二)体格检查信息

1.一般检查

身高(cm)

体重(kg)

腰围(cm)

收缩压(mmHg、kPa)

舒张压(mmHg、kPa)

心率(次/分)

基础代谢率(Kcal)

脂肪健康指数(BMI)

2. 实验室检查

总胆固醇(mmol/L)

甘油三酯(mmol/L)

高密度脂蛋白(mmol/L)

低密度脂蛋白(mmol/L)

空腹血糖(mmol/L)

餐后2小时血糖(mmol/L)

糖化血红蛋白(％)

3. 其他检查

　　B超　　脂肪肝　　□无　　□轻度　　□中度　　□重度

(三)成年人身体状况信息采集

1. 您对您自身的健康放心吗？
　　□很放心　　□比较放心　　□不放心
2. 您会不会主动去了解一些有关健康方面的问题？
　　□从来都不会　　□一般都不会　　□不一定　　□有时会　　□经常会
3. 您认为日常保健有必要吗？
　　□没有必要　　□有必要　　□非常必要
4. 您了解亚健康及其危害吗？
　　□不太了解　　□比较了解　　□非常了解
5. 您想过做亚健康状态检查并进行治疗吗？
　　□已经做了　　□想过,但还没做　　□没有想过
6. 您觉得以下哪些因素已经影响到您的身心健康？(可复选)
　　□食物　　□饮用水　　□空气/气候　　□噪声环境情况　　□紫外线
　　□电磁波　　□社会状况　　□人际交往　　□工作压力　　□其他
7. 过去两年内有无接受健康检查？(包括X光、心电图、血液、肝功能、超声波、脑部等检查)
　　□有　　□无

8. 上述检查结果有无异常情形或建议接受其他检查?
   □有 □无
9. 您是否定期进行体格与牙齿的健康检查?
   □是 □否
10. 您是否经常测量血压?
    □经常 □偶尔 □从未有过
11. 您最近一次测量的血压值是_____kPa
12. 您近三年来血压值属于(mmHg):
    □120/80左右－正常 □140/90左右－临界 □150/100以上－增高
13. 您第一次血糖测定时间是:_____年___月___日
14. 您近三年来血糖测定值属于(空腹血糖3.9～6.1－正常,6.1～7.8－偏高,7.8以上－高)
    □正常 □偏高 □高
15. 您第一次血脂测定的时间是_____年___月___日
    结果:□正常 □临界 □高
16. 您近三年来血脂测定值属于:
    □正常 □临界 □高
17. 您是否感觉免疫力在下降,春秋流感一来,自己首当其冲,难逃"流"运?
    □是 □否
18. 过去半年您采用控制体重的方法了吗?
    □有 □无
19. 过去半年体重变化情况如何?
    □基本稳定 □有所减轻 □有所增加 □减轻5公斤以上
20. 您是否体重有明显的下降趋势,早上起来,发现眼眶深陷,下巴突出?
    □是 □否
21. 您是否早上起床时,总有头发丝掉落?
    □是 □否
22. 您是否昨天想好的某件事,今天怎么也记不起来,而且近些天来,经常出现这种情况?
    □是 □否
23. 您是否工作效率下降,上司已表达了对你的不满?
    □是 □否

24. 您是否工作一段时间后,就感到身体倦怠,胸闷气短?
　　□是　□否

25. 您有无颈部僵硬,活动受限症状?
　　□无　□偶尔　□经常

26. 转动头部时有无疼痛、头晕、恶心?
　　□无　□偶尔　□经常

27. 有无一侧或两侧上肢放射性疼痛和麻木及肌力减退?
　　□无　□偶尔　□经常

28. 有无腰部活动受限,转动不利?
　　□无　□偶尔　□经常

29. 有无腰痛,在弯腰、大便用力时加重?
　　□无　□偶尔　□经常

30. 有无一侧下肢放射性疼痛?
　　□无　□偶尔　□经常

31. 有无膝关节疼痛?
　　□无　□偶尔　□经常

32. 膝关节疼痛是否立时加重,活动后逐渐减轻?
　　□无　□偶尔　□经常

33. 您呼吸时能听到胸部喘息的声音吗?
　　□不会　□偶尔　□经常

34. 您肚子饿时,胃会痛吗?
　　□不会　□偶尔　□经常

35. 您吃完饭后,胃会痛吗?
　　□不会　□偶尔　□经常

36. 您有过耳鸣吗?
　　□从未有过　□偶尔　□经常

37. 工作姿势相对固定持续时间:
　　□2小时以下　□2～6小时　□6小时以上

38. 颈、腰、膝关节部位是否经常受凉?
　　□无　□偶尔　□经常

39. 颈、腰、膝关节部位受凉后疼痛加重吗?
　　□无　□偶尔　□经常

40. 近6个月内有无接受医生的诊察、治疗、用药,针对其结果医生是否建议检查、治疗或住院手术?
　　□有　□无

41. 最近6个月内是否有任何不适症状或体征?（可多选）
　　□反复头痛　□眩晕　□心悸　□胸闷　□咳痰　□咯血　□腹痛
　　□便血　□发热　□乏力　□健忘　□多尿　□消瘦(体重下降超过5公斤)
　　□视力下降　□听力下降　□外耳道流脓或流血　□鼻衄及流脓涕等

42. 过去5年内曾否患过以下疾病?（可复选）
　　□高血压、心脏病、血管疾病
　　□癫痫、肢体无力、精神异常或脑部疾病
　　□肾脏病、性病等生殖泌尿器官疾病
　　□贫血、血友病、白血病、紫癜、脾脏疾病
　　□肿瘤(良、恶性)、囊肿
　　□艾滋病、SLE等自身免疫系统疾病
　　□肝炎、肝硬化、肝大、肝功能异常、脂肪肝
　　□肺结核、哮喘、支气管炎、支气管扩张症、矽肺、肺气肿、肺炎
　　□消化道炎症、溃疡或出血、胰腺炎、胆囊炎
　　□糖尿病、甲状腺疾病、痛风、高脂血症等新陈代谢疾病
　　□白内障、青光眼、视网膜或视神经病变
　　□脊椎或脊髓疾病、风湿病、肌肉骨骼及关节疾病、中毒、结石

43. 排除人为及放化疗因素,有无头发方面的自觉变化?（可多选）
　　□头发早白　□头发枯黄　□头发过黑或逐渐加黑　□头发不正常脱落
　　□其他脱发(如前额、颅顶部脱发等)

44. 排除人为及放化疗因素,有无体毛方面的自觉变化?（可多选）
　　□体毛生长异常　□眉毛稀淡　□一侧眉毛脱落　□眉毛完全脱落
　　□眉毛变白　□眉毛突然变得浓黑

45. 面部有无下列自觉变化?（可多选）
　　□面红　□面黄　□面白　□面青紫　□面黑　□面部浮肿

46. 眼部有无下列自觉变化?（可多选）
　　□充血　□单侧眼球突出　□双侧眼球突出　□黑眼圈　□眼睑浮肿
　　□眼睑红肿　□眼睑暗紫色充血

47. 味觉有无下列自觉变化?（可多选）
　　□口苦　□口咸　□口酸　□口辣　□口淡　□口涩　□口香

48. 有无牙齿缺损?
　　□有　□无

49. 平时出汗情况如何?
　　□很少出汗　□经常出汗　□动不动就出汗　□从不出汗

50. 平时排便时间、次数如何?
　　□每天一次　□两天一次　□三天一次　□四天以上一次

51. 大便颜色有无下列自觉变化?
　　□白色淘米水样　□白色油脂状　□白色黏液状　□深黄色　□绿色
　　□淡红色　□鲜红色　□暗红色　□黑色

52. 有无智能障碍?
　　□有　□无

53. 有无失明、聋哑、小儿麻痹后遗症?
　　□有　□无

54. 有无语言、咀嚼、视力、听力、嗅觉、四肢及中枢神经系统功能障碍?
　　□有　□无

55. 有无脊柱、胸廓、四肢、五官、手指、足趾缺损或畸形?
　　□有　□无

56. 您长期坚持服用的药物有哪些?（可多选）
　　□未服用任何药物　□尿酸药物　□心脏病药物　□降压药物
　　□降糖药物　□抗甲状腺药物　□降血脂药物　□止喘药物
　　□镇静剂　□类固醇药物　□性激素　□止痛药
　　□作用于胃肠的药物　□中药　□精神科药物　□维生素类药物

57. 您对药物过敏吗?
　　□是（何药）　□否　□不知道

58. 过去有无使用镇静安眠药、迷幻药及其他违禁药物或吸食有机溶剂、毒品，或有乙醇中毒、药物中毒?
　　□有　□无

59. 有无性生活?
　　□有　□无　□偶尔

60. 你觉得性生活满意吗?
    □满意 □不满意 □一般

61. 有无子女?
    □有 □无

62. 近三年性生活频率?
    □月5次以下 □月6~9次 □月10次以上

63. 您是否性功能下降,感到疲惫不堪,没有什么性欲望?
    □是 □否

64. 有无尿频、尿急和尿痛?
    □无 □偶尔 □经常

65. 夜尿次数?(男性答)
    □2次 □3次以上

66. 有无下列性功能障碍?
    □减弱 □早泄 □遗精 □阳痿

67. 尿末或大便用力时,尿道有无少量乳白色黏液流出?
    □无 □偶尔 □经常

68. 有无会阴、肛周、下腹部、腰胯部、阴囊、大腿内侧、睾丸、尿道内不适应或疼痛?
    □无 □偶尔 □经常

69. 有无尿频、排尿困难、尿流变细分叉?
    □无 □有(1年、3年、6年以上)

70. 有无做过前列腺B超?(女性答)
    □有 □无 结论

71. 您是否在月经期后的一周进行乳房的自我检查?
    □是 □否

72. 您若大于35岁,是否接受医生的建议作乳房X光片检查?
    □是 □否

73. 近三年性生活频度:
    □月5次以下 □月6~9次 □月10次以上

74. 您是否性功能下降,你经常感到疲惫不堪,没有什么性欲望?
    □是 □否

75. 初潮年龄：
    □≤13 岁　□14～16 岁　□≥17 岁

76. 初次性生活年龄：
    □20 岁以下　□20～25 岁　□25 岁以上

77. 有无白带增多？
    □无　□有

78. 白带性质：
    □乳白色黏液状　□淡黄色脓性

79. 有无腰胯部酸痛、下腹部坠痛？
    □无　□偶尔　□经常

80. 有无早婚早育？
    □无　□有　□婚龄　□育龄

81. 有无宫颈糜烂病史？
    □无　□有

82. 丈夫有无包皮过长？
    □无　□有

83. 月经是否规律？
    □规律　□基本规律　□不规律

84. 非初次性生活出血：
    □无　□有时　□经常

85. 有无不规则阴道出血？
    □无　□有时　□经常

86. 有无下腹坠胀、不适感？
    □无　□有时　□经常

87. 有无触及下腹部肿块？
    □无　□有

89. 慢性生殖系统炎症：
    □无　□一种　□一种以上

90. 有无不洁性生活？
    □无　□有

91. 流产次数：
    □无　□两次或两次以下　□两次以上

92. 是否有过宫外孕？
　　□无　□有

93. 生殖系统卫生清洁：
　　□每天一次　□两天一次　□两天以上

94. 生育胎次：
　　□三胎以上　□两胎　□一胎　□未生育

95. 初产年龄：
　　□＜25岁　□25～29岁　□＞30岁

96. 绝经年龄：
　　□＜45岁　□45～49岁　□≥50岁

(四) 心理状态

1. 您的人际关系怎样？
　　□很不好　□不太好　□不清楚　□比较好　□非常好

2. 您平时与谁最亲近？
　　□父亲　□母亲　□配偶　□子女　□姊妹　□祖父母　□朋友　□同事

3. 有高兴的事情或有困难时，一向找谁谈？
　　□父亲　□母亲　□配偶　□子女　□姊妹　□祖父母　□朋友　□同事

4. 平时家庭中谁做决策？
　　□父亲　□母亲　□配偶　□子女　□姊妹　□祖父母

5. 有无特别要好的朋友？
　　□有　□没有

6. 在学校或工作场所中，感受到的气氛如何？
　　□非常好　□好　□一般　□不愉快　□非常糟糕

7. 与邻居的关系如何？
　　□非常好　□好　□一般　□从不来往　□非常糟糕

8. 有无视、听、记忆上的困难？（可多选）
　　□有视力障碍　□有听觉障碍　□有记忆障碍　□无

9. 您的性格？
　　□开朗　□温和　□易躁　□易闷

10. 您日常的压力大吗？
　　□非常大　□比较大　□一般　□压力很小　□没有压力

11. 您的压力主要来自哪些方面？（可多选）
　　□工作　□家庭　□亲人　□朋友　□伴侣　□同事　□其他
12. 您平时的心情怎样？
　　□经常不好　□不太好　□不清楚　□比较好　□非常好
13. 您是否长时间精神压抑？
　　□是　□否
14. 您经常感到情绪压抑，会对着窗外发呆？
　　□是　□否
15. 您的生活节奏快吗？
　　□快　□慢
16. 在过去的一个月内，您精力充沛吗？
　　□大部分时间　□比较多的时间　□小部分时间　□没有此感觉
17. 在过去的一个月内，您生活得充实吗？
　　□非常充实　□比较充实　□一般　□比较空虚
18. 您感到垂头丧气，什么事都不能使你振作起来吗？
　　□是　□否　□偶尔
19. 您认为身心健康对日常生活影响大吗？
　　□非常大　□比较大　□说不准　□不太大　□没有影响
20. 您以一种怎样的心态面对生活？
　　□积极进取　□逍遥自在　□放任自流　□平淡乏味　□消极失落
21. 您在日常生活中是否会觉得烦躁不安？
　　□经常会　□偶尔会　□从来不会
22. 您是否害怕走进办公室，觉得工作令人厌倦？
　　□是　□否
23. 工作情绪始终无法高涨。最令自己不解的是，无名的火气很大，但又没有精力发作？
　　□是　□否
24. 不想面对同事和上司，有自闭症式的渴望？
　　□是　□否
25. 您有过哪些心理疾病？
(1) 悲伤：您是否一直感到伤心和悲哀？
　　□是　□否
(2) 泄气：您是否感到前途渺茫？
　　□是　□否

(3)缺乏自尊:您是否觉得自己没有价值或自以为是一个失败者?
　　□是　□否

(4)自卑:您是否觉得力不从心或自叹比不上别人?
　　□是　□否

(5)内疚:您是否对任何事都自责?
　　□是　□否

(6)犹豫:您是否在做决定时犹豫不决?
　　□是　□否

(7)焦躁不安:这段时间您是否一直处于愤怒和不满状态?
　　□是　□否

(8)对生活丧失兴趣:您对事业、家庭、爱好或朋友是否丧失了兴趣?
　　□是　□否

(9)丧失动机:您是否感到一蹶不振,做事情毫无动力?
　　□是　□否

(10)自我印象可怜:您是否以为自己已衰老或失去魅力?
　　□是　□否

(11)臆想症:您是否经常担心自己的健康?
　　□是　□否

(12)自杀冲动:您是否认为生存没有价值,或生不如死?
　　□是　□否

26.您出现心理问题会怎么办?
　　□看心理医生　□找家人倾诉　□找朋友倾诉　□其他方式倾诉
　　□闷在心里　□其他

27.您过去看过心理医生吗?
　　□经常看　□有时去看　□没看过

28.过去两年有无重大变故?
　　□有　□无

(五)饮食状况

1.您的胃口如何?
　　□很好　□好　□一般　□差

2.有无咀嚼、吞咽、自行进食困难?
　　□有　□无

3. 有无经常恶心、呕吐现象?
　　□是　□否　□偶尔

4. 有无口腔溃疡现象?
　　□经常　□偶尔　□无

5. 有无饮食上的限制?
　　□有　□无

6. 您的饮食习惯?(可多选)
　　□偏素食　□偏肉食　□常食油炸类食品　□喜热食(包括食、饮料)
　　□喜冷食　□喜酸性食物　□喜食辛辣　□喜甜食　□喜咸食

7. 有无补充保健食品?(可多选)
　　□无　□偶尔　□经常

8. 经常补充哪类保健食品?
　　□维生素类　□钙　□微量元素(铁、锌、硒等)　□增强免疫类
　　□排毒养颜类　□心脑血管保健类　□调节内分泌类　□其他

9. 您用餐时间及数量是否有规律?
　　□大部分时间有规律　□没有规律

10. 您经常吃早饭吗?
　　□每天吃　□经常吃　□偶尔吃　□不吃

11. 您通常一日吃几餐?
　　□两餐　□三餐　□四餐　□五餐以上

12. 您每日的主食量是多少?(馒头、米饭、烧饼等)
　　□250克以下　□300~500克　□500克以上

13. 每周有几日吃新鲜蔬菜?
　　□从来不吃或很少吃　□1~3次　□≥3次以上

14. 您平均每日吃多少蔬菜?
　　□250克以下　□250~400克　□400~500克　□500克以上

15. 您平均每日吃多少水果?
　　□50克以下　□50~100克　□100克以上

16. 平均每日吃鸡蛋:
　　□≥3个　□2个　□1个　□<1个

17. 您每月植物油消耗量:
　　□>4斤　□3~4斤　□2~3斤　□<2斤

18. 您每月食盐消耗量：
　　□≥8两　□6～7两　□4～5两　□<4两

19. 您平均每日吃多少鱼、虾、肉？
　　□50克以下或250克以上　□50～100克　□100～150克
　　□150～250克

20. 您平均每日食用多少奶制品？
　　□没有　□50～100克　□100克以上

21. 您平均每日吃多少豆类及豆制品？
　　□没有　□0～50克　□50克以上

22. 您是否喜欢吃油腻、油炸的食物？
　　□不喜欢(食用量很少)　□一般(半两左右)　□特别喜欢(1两以上)

23. 每周有几次吃油炸食品？
　　□从来不吃或很少吃　□1～3次　□≥3次以上

24. 您是否喜欢甜食？(各种糖果、点心等)
　　□不喜欢　□一般　□喜欢　□特别喜欢

25. 您是否喜欢吃咸食？
　　□不喜欢(每天6克以下)　□喜欢(每天6～10克)
　　□特别喜欢(每天10克以上)

26. 每周有几次吃腌制食品？
　　□从来不吃或很少吃　□1～3次　□≥3次以上

27. 您是否经常吃野味？
　　□是　□否

28. 您平常额外补充何种营养品或保健品？(可多选)
　　□无　□维生素C　□维生素E　□钙剂　□铁剂　□多种维生素
　　□大蒜精　□植物纤维　□深海鱼油　□鱼肝油　□卵磷脂　□蜂胶
　　□藻类　□花粉　□乳酸菌　□其他中草药

29. 每年食用糖精的次数？
　　□从不食用　□1～19次　□≥20次

30. 目前饮水的水源？
　　□自来水　□纯净水　□矿泉水　□其他

31. 您是否喜欢喝碳酸饮料？
　　□是　□否

32. 您是否经常生闷气吃饭?
　　□从不或很少　□经常
33. 您最近是否一日三餐,进食甚少,排除天气因素,即使口味非常适合自己的菜,近来也经常味同嚼蜡?
　　□是　□否

(六)睡眠状况
1. 您认为失眠是一种疾病吗?
　　□肯定的　□不完全是　□不清楚　□不一定是　□绝对不是
2. 您晚上失眠吗?
　　□经常　□偶尔　□不失眠
3. 如果您失眠会怎么办?
　　□马上去看医生　□用药物帮助睡眠　□强迫自己入睡
　　□起来做点别的事情
4. 您只有在严重失眠时,才会想到去看医生?
　　□当然是　□应该是　□不清楚　□应该不会　□肯定不会
5. 您是否晚上经常睡不着觉,即使睡着了,又老是做梦,睡眠质量很糟糕?
　　□是　□否
6. 您每天连续睡眠时间有多少?
　　□0~4小时　□4~6小时　□6~8小时　□8小时以上
7. 醒后的感觉?
　　□头脑清楚　□头脑欠清楚　□头昏脑涨
8. 您的做梦情况?
　　□无梦　□少梦　□多梦
9. 您熬夜吗?
　　□经常　□偶尔　□很少　□无
10. 您睡觉时打鼾吗?
　　□经常　□偶尔　□很少　□无

(七)运动情况
1. 工作和日常生活中(8小时)坐着的时间:
　　□几乎全部　□多于4小时　□少于4小时　□几乎没有
2. 近距离(3公里以内)外出办事,您主要的出行方式是:
　　□步行　□骑自行车　□乘车或开车　□很少外出办事

3. 一般情况下,外出办事你往返所用的时间大概是多少分钟?
   □≤10 □11～30 □31～60 □>60

4. 日常生活中的家务劳动次数:
   □经常 □有时 □很少 □没有

5. 您平均每周锻炼的次数:
   □≤2次 □3～4次 □≥5次

6. 平均每天运动时间:
   □1小时以下 □1～2小时 □2小时以上

7. 运动方式:
   □跑步 □骑车 □爬山 □其他

8. 坚持运动年限?
   □2年以下 □2～5年 □5年以上

9. 是否保证每周三次每次20～30分钟的有氧运动?
   □是 □否

10. 您的运动计划中是否包含改善心血管循环机能、增加力量与提高柔韧性的内容?
    □是 □否

11. 您参加体育运动吗?如果参加,最常用的运动方式是?
    □轻度运动(如园艺、扫地、拖地、打高尔夫球、玩棒球、健身操、一般舞蹈、慢速骑自行车)
    □中度运动(如篮球、排球、乒乓球、羽毛球、剧烈舞蹈、随意游泳、快速骑车)
    □重度运动(如8公里/小时慢跑、爬山、爬楼梯、自由仰式游泳)
    □剧烈运动(如12公里/小时跑步、跳绳、赛舟、蝶式游泳、溜冰比赛)

12. 有无呼吸困难、肢体无力、疲倦等现象阻滞运动或活动?
    □有 □无

13. 运动后有无不适感?
    □有 □无

14. 运动后是否测量过心率?
    □是　次/分 □从未测过

(八)家族病史

1. 父亲体重:_____公斤;身高_____厘米
2. 母亲体重:_____公斤;身高_____厘米

3. 您的祖父母是否曾于65岁之前患以下疾病？（可复选）
　　□心脏病　□脑卒中　□高血压　□糖尿病　□肾病　□癌症　□没有
4. 外祖父母是否曾于65岁之前患以下疾病？（可复选）
　　□心脏病　□脑卒中　□高血压　□糖尿病　□肾病　□癌症　□没有
5. 您的父母是否曾于65岁之前患以下疾病？（可复选）
　　□心脏病　□脑卒中　□高血压　□糖尿病　□肾病　□癌症　□没有
6. 您的兄弟姐妹是否曾于65岁之前患以下疾病？（可复选）
　　□心脏病　□脑卒中　□高血压　□糖尿病　□肾病　□癌症　□没有
7. 您做过遗传疾病的易感基因检测吗？
　　□做过　□没做过
8. 您是否患有诊断明确的疾病？
　　□是　□否
9. 您是否患有皮肤病？
　　□是　□否

(九)外部环境
1. 居住5公里内有何污染？（可多选）
　　□噪声污染　□光污染　□空气污染　□水污染　□化学污染
　　□废弃物污染　□没有污染
2. 工作5公里内有无以下污染源？（可多选）
　　□药厂　□化工厂　□发电厂　□炼油厂　□炼钢厂　□其他　□没有

(十)其他
1. 目前的吸烟状况：
　　□不抽,但经常吸二手烟　□以前抽,现在戒烟　□偶尔抽　□每天抽
2. 如果您仍在吸烟,平均每天吸多少支？
　　□<10支　□10～19支　□20～29支　□≥30支
3. 您有多少年烟龄？
　　□<5年　□5～10年　□10年以上
4. 您想戒烟吗？
　　□不想戒烟　□犹豫不决　□准备戒烟　□戒烟后又复吸
5. 如果戒烟,您从戒烟到现在有多久了？
　　□<6个月　□6个月～1年　□1～3年　□3年以上
6. 戒烟前两年,平均每天吸多少支烟？
　　□<10支　□10～19支　□20～29支　□≥30支

7. 已经被动吸烟多少年了?(指不吸烟者一周中有一天吸入吸烟者呼出的烟雾多于15分钟)

□<5年 □5~10年 □10~15年 □15~20年 □20年以上

8. 平均每日被动吸烟支数?

□<10支 □10~19支 □20~30支 □30~40支 □40支以上

9. 您经常喝酒吗?

□是 □否

10. 主要饮酒种类?(可多选)

□白酒 □啤酒 □果酒 □米酒 □其他

11. 喝酒已几年了?

□<5年 □5~10年 □10年以上

12. 您每次饮酒量?

□半斤以下 □半斤~1斤 □1斤以上

13. 最近1个月中,您有几回一次饮用过3两以上白酒或相同酒精的其他酒?

□<5次 □5~10次 □10次以上

三、个人健康信息采集分类提问

A. 对健康的理解及处理形态询问个案

(1)一向健康情形如何? 此时健康情形如何?

(2)日常保健事项有哪些?

(3)有无使用烟、酒、药物? 使用量及时间情形如何? 使用烟、酒和药物是否有其原因或目的?

(4)使用盐分和油脂情形如何? 自己感觉妥不妥当?

(5)自认为造成自己健康问题的原因有哪些?

(6)对自己健康问题发生过程的描述如何? 对就医的看法如何? 目的如何?

(7)过去对自己健康问题如何处理? 遵循治疗处置的情况如何? 有无困难和不便之处? 认为该如何解决?

(8)健康问题是否对生活形成困扰? 如活动方面、感官功能方面、运动功能方面及经济方面。

B. 营养代谢形态询问个案

(1)前一天摄食情形?包括食物名称及量,水分的摄入。

(2)胃口如何?有无恶心、呕吐及口腔溃疡?

(3)有无饮食上的限制和偏好?

(4)有无使用补充营养的物品?如维生素、高钙冲剂等,其名称及使用情形如何?当初使用的原因如何?

(5)过去半年来体重变化情形如何?若有大变化,原因为何?采用了什么控制体重的方法?

(6)有无自行进食上的困难?

(7)有无皮肤、指甲、毛发方面自觉的变化?有无牙齿缺损?

C. 排泄形态询问个案

(1)排尿的量、困难程度及疼痛情形如何?颜色如何?

(2)平时排便的时间、次数、颜色及硬度如何?须使用软便剂或灌肠剂吗?

(3)平时出汗情形如何?

D. 运动活动形态询问个案

(1)典型的一天活动情形如何?包括起床、工作、休闲、运动、上床时间、活动性质及内容。

(2)执行日常生活活动能力如何?如移动肢体、穿衣、沐浴、洗漱、梳妆、进食、如厕等。

(3)有无呼吸困难、肢体无力、疲倦等现象阻滞运动或活动?

E. 睡眠休息形态询问个案

(1)每日睡眠时间及持续情形?

(2)入睡难易度?须使用药物吗?

(3)经常做梦或梦中惊醒吗?

(4)睡醒后自觉精神饱足吗?

(5)睡觉时是否打鼾?

F. 认知领域形态询问个案

(1)有无视、听、记忆上的困难?

(2)以往对新事物的学习速度如何?

(3)目前身体有无任何不舒适或疼痛?若有,如何处理?

G. 自我领域自我概念形态询问个案

(1)自认为自己是个怎样的人?想做任何改变吗?为什么?

(2)健康问题是否影响对自己的看法?

(3)平时哪些事情会使你生气、懊恼、害怕、沮丧、焦虑?你是如何处理的?有效吗?

H. 角色关系形态询问个案

(1)同住者有哪些人?彼此关系如何?

(2)平时与谁最亲近?有困难或有高兴事情时一向找谁谈?

(3)平时家庭中谁做决策?家中的问题平时如何处理?

(4)对家庭的责任如何?分担工作或经济的情形如何?

(5)有无要好的朋友?参加社团活动吗?

(6)在校中或工作场所中感受到的气氛如何?

(7)与邻居关系如何?

I. 性生殖功能形态询问个案

(1)有无性生活?觉得满意或欠缺吗?原因为何?想如何改变?

(2)有无生儿育女?家庭计划进行得如何?如何做?平时这方面知识如何获得或咨询的对象为何?

(3)对女性:月经周期如何?量及不舒适情形如何?平时如何处理?

J. 压力应对与耐受形态询问个案

(1)常感觉有压力或紧张吗?平时如何处理?有效吗?须借助烟、酒、药物吗?

(2)过去两年有无重大变故?如何处理?有效吗?该事情的影响如何?

K. 价值信仰形态询问个案

(1)生活的力量及生活的意义如何?

(2)感觉信仰对人生的重要性如何?

(3)参加宗教性活动的程度如何?

(4)遇事故依赖宗教吗?方面如何?

L. 特殊形态询问个案

(1)有家族遗传病史吗?

(2)做过遗传疾病易感基因检测吗?

(3)目前是否患有诊断明确的疾病?

(4)是否患有皮肤病?

四、健康评价与指导

健康状况的评价
健康危险因素分析
健康危险因素预测
初步拟订健康指导方案

五、制定健康促进方案

运动方案
营养膳食方案
运动调理方案
定期跟踪服务方案

参考文献

[1] 姜滨英、甘承文.《健康营养保健管理师培训》.北京大学医学出版社,2006.

[2] 台湾经国管理暨健康学院校本教材《健康管理》.2005.

[3] 赵山明.《公民健康素质研究》.郑州大学出版社,2005.

[4] 李翰洋等.《管理者的健康管理》.中国经济出版社,2006.

[5] 黄显华等.《课程领导与校本课程发展》.教育科学出版社,2005.

[6] 吕姿之.《健康教育与健康促进》.北京医科大学、中国协和医科大学联合出版社,1998.